T. D. JAKES

CASA
CREACIÓN
Para vivir la Palabra

Para vivir la Palabra

MANTENGAN LOS OJOS ABIERTOS,
AFÉRRENSE A SUS CONVICCIONES,
ENTRÉGUENSE POR COMPLETO,
PERMANEZCAN FIRMES,
Y AMEN TODO EL TIEMPO.
—1 Corintios 16:13-14 (Biblia El Mensaje)

Favor divino por T. D. Jakes
Publicado por Casa Creación
Miami, Florida
www.casacreacion.com
©2024 Derechos reservados

ISBN: 978-1-960436-66-5
E-Book ISBN: 978-1-960436-67-2

Desarrollo editorial: *Grupo Nivel Uno, Inc.*
Adaptación de diseño interior y portada: *Grupo Nivel Uno, Inc.*

Publicado originalmente en inglés bajo el título:
Favor Ain't Fair
Publicado por Destiny Image® Publishers, Inc.
P.O. Box 310, Shippensburg, PA 17257-0310
Copyright © 2024. T.D. Jakes
Todos los derechos reservados.

Impreso en Colombia
24 25 26 27 28 LBS 9 8 7 6 5 4 3 2 1

Contenido

Introducción

A lo largo de la Biblia, muchos buscaron y obtuvieron el favor de Dios: desde Jacob (Génesis 33:10) hasta José con su hermano Benjamín (Génesis 43:29), Moisés (Éxodo 32:11), el rey Manasés (2 Crónicas 33:12), y Daniel (Daniel 1:9) pasando por el Señor de los Ejércitos (Malaquías 1:9), María la madre de Jesús (Lucas 1:30) y el propio Jesús (Lucas 2:52), entre otros.

Dios quiere conceder su favor a todos sus hijos. El favor divino es el factor sobrenatural que nos posiciona para recibir bendiciones, abundancia y provisión "inmerecidos". Debemos asumir el derecho y el privilegio, que tenemos, de sentarnos a la mesa del Rey y recibir nuestra herencia divina. El resultado es la bendición y el beneficio de convertirnos en hijos de Dios a través del sacrificio y la sangre derramada de su Hijo, Jesús.

La clave para conocer tu propósito es celebrar tu identidad *personal* al descubrir que has recibido el don especial para cumplir el llamado divino. El favor, en el contexto terrenal, casi siempre se da a aquellos que obtienen un aprecio especial debido a su educación, sus raíces familiares, su intelecto, su apariencia y cualquier cantidad de atributos que el mundo admira.

En el reino de Dios, sin embargo, el favor se concede a los creyentes que pueden haber cometido asesinatos, engañado a sus cónyuges, abandonado a sus familias, sido ladrones, haber conspirado para traicionar... cualquier cantidad de actos criminales o inmorales. ¿Cómo puede ser eso?

Dios envió a su Hijo, Jesús, para borrar el pecado y perdonar a aquellos que reconozcan su soberanía y su sacrificio en la cruz, a los que se percatan de que la sangre de Jesucristo cubre toda transgresión del pecador arrepentido, de una vez y para siempre.

Saulo (el que perseguía a los cristianos), llamado Pablo el apóstol, afirma lo siguiente: *"Sin embargo, lo que ahora soy, todo se debe a que **Dios derramó su favor especial sobre mí**, y no sin resultados. Pues he trabajado mucho más que cualquiera de los otros apóstoles; pero no fui yo sino Dios quien obraba a través de mí por su gracia"* (1 Corintios 15:10 ntv).

En esta travesía por los próximos noventa días con las promesas de Dios, verás cómo su generosidad contigo no tiene límites. No importa tu origen, raza, edad, posición social, educación o saldo en tu cuenta bancaria, Dios solo te ve como su hijo, a quien ama incondicionalmente.

> *Está bien que sienta estas cosas por todos ustedes, porque ocupan un lugar especial en mi corazón. **Participan conmigo del favor especial de Dios**, tanto en mi prisión como al defender y confirmar la verdad de la Buena Noticia* (Filipenses 1:7 ntv).

Así que anímate a recibir cada una de las promesas de Dios como si fueran tuyas. Medita en cada una de ellas como si él la hubiera escrito en la Biblia exclusivamente para ti, ¡porque así fue!

> *Que nunca te abandonen el amor y la verdad: llévalos siempre alrededor de tu cuello y escríbelos en la tabla de tu corazón. **Contarás con el favor de Dios** y tendrás buen nombre **entre la gente*** (Proverbios 3:3-4).

Es muy importante que inviertas tu corazón, tu tiempo, tus recursos y tus energías para que coseches los buenos frutos que provienen de su favor, lo que descubrirás a través de sus promesas.

> *Si oras a Dios y* **buscas el favor del Todopoderoso**, *si eres puro y vives con integridad, sin duda que él se levantará y devolverá la felicidad a tu hogar* (Job 8:5-6 ntv).

Dios cumplirá sus promesas al pie de la letra

Estoy convencido de esto: **el que comenzó tan buena obra en ustedes la irá perfeccionando hasta el día de Cristo Jesús** (Filipenses 1:6).

En Génesis, el Señor le prometió a Eva una descendencia, y le dijo a la serpiente: "*Pondré enemistad entre tú y la mujer, y entre tu simiente y la de ella; su simiente te aplastará la cabeza, pero tú le herirás el talón*" (Génesis 3:15). Cuando Eva tuvo lo que pudo haber pensado que era la descendencia prometida, hubo problemas reales. En un ataque de ira, Caín mató a su hermano. Ahora su hijo mayor era un criminal fugitivo y su hijo menor había sido asesinado en la flor de su vida. Se suponía que ella sería la madre de todos los seres vivientes, y todo lo que había criado era un cadáver y su asesino.

Dios, sin embargo, deshizo el manto de fracaso que la envolvía y la bendijo con otro hijo. Lo llamó Set, que significa "sustituido". De repente, mientras sostenía a su nuevo bebé en brazos, comenzó a darse cuenta de que Dios era —y es— soberano. Que si él decreta algo, seguro que sucederá. Eva llamó a su tercer hijo Set porque entendió que cuando *Dios hace una promesa para bendecir a alguien, ¡encontrará la manera de cumplirla!* Aunque eso signifique designar un sustituto, *él cumplirá su promesa.*

El propósito de Dios no fue abortado cuando Caín mató a Abel. A pesar de que la vida tiene sus momentos difíciles, en última instancia, todo lo que Dios ha dicho se cumplirá. Satanás trata de abortar la voluntad de Dios en tu vida. Sin embargo, Dios ha comenzado una buena obra en ti ¡y la terminará!

Cuando sufrimos pérdidas como Eva, surge una sensación de desamparo. Sin embargo, no puedes permitir que las circunstancias pasadas aborten las oportunidades futuras. Si has tenido pérdidas en tu vida, te digo que Dios tiene una manera de restaurar lo que pensaste que nunca volverías a ver.

Oración

Padre celestial, gracias por la promesa de restauración. La reclamo como mía y te doy toda la alabanza y la gloria, pues todo es tuyo. En el precioso nombre de Jesús, amén.

Declaración

¡Dios restaurará lo que el maligno ha robado!

Fe para esperar

Pon tu esperanza en el Señor;
cobra ánimo y ármate de valor,
¡pon tu esperanza en el Señor! (Salmos 27:14).

Debemos aprender qué es el tiempo de Dios. Él sincroniza sus respuestas para cumplir su propósito. Hace poco, mientras viajábamos en una importante aerolínea estadounidense, nos dijeron que el avión no podía aterrizar a la hora programada. Evidentemente, el controlador de tráfico aéreo instruyó que debíamos esperar en el aire. Qué lugar tan extraño para esperar: ¡en el aire!

A menudo me he sentido como ese avión, suspendido en el aire cuando Dios me dice: "¡Espera!". Luego, el capitán habló por los altavoces y dijo: "Vamos a adoptar un patrón de espera hasta que lleguen más instrucciones desde la torre de control". Pasado un tiempo, algunos pasajeros bastante ebrios comenzaron a cuestionar la decisión del controlador de tráfico aéreo. Es probable que todos estuviéramos preocupados. Solo que algunos lubricaban su preocupación con varios tragos fuertes de licor.

Las miradas ansiosas y los comentarios mordaces de la gente se calmaron cuando la azafata, con rapidez, alivió los temores de los viajantes. Procedió entonces a informar a los pasajeros preocupados que las aeronaves siempre llevan suficiente combustible para enfrentar las demandas de esos tipos de retrasos. Por otro lado, había cierta calma y seguridad manifiesta en los rostros de los miembros de la tripulación. Yo atribuiría eso al hecho de que estaban preparados para cualquier inconveniente.

Comencé a preguntarme si nosotros, como hijos de Dios, no deberíamos estar mejor preparados para esos momentos de nuestras vidas en los que Dios habla desde su trono y nos dice: "Adopta un patrón de espera hasta nuevo aviso". La pregunta no siempre es: "¿Tienes suficiente fe para recibir?". A veces es: "¿Tienes suficiente fe para adoptar un patrón de espera que te permita confiar en que el cumplimiento de la promesa ha de llegar?". Cuando sabes que Dios no te ha olvidado sientes una profunda sensación de satisfacción.

Nunca olvidaré el momento en que pasé por una lucha terrible. Pensé que era una emergencia. Creí que debía tener una respuesta en ese momento. Aprendí que a Dios no lo asusta fácilmente lo que yo llamo emergencia.

Oración

Señor Dios, tú siempre tienes el control; que mi fe y mi vida reflejen esa verdad en mi existencia diaria, así como durante los "patrones de espera". Fortaléceme, Señor, mientras espero el cumplimiento de cada promesa que has diseñado para mi futuro. En el nombre de Jesús, amén.

Declaración

¡Esperaré pacientemente al Señor!
¡Seré audaz y valiente!

Dios recuerda

Porque Dios no es injusto como para olvidarse de las obras y del amor que en su nombre ustedes han demostrado sirviendo a los creyentes, como lo siguen haciendo (Hebreos 6:10).

Una vez, mientras luchaba en mi interior por entender por qué Dios no había respondido sencillamente a una de mis peticiones, tropecé con una palabra que refrescó a torrentes mi desierto.

> **Dios se acordó** *entonces de Noé y de todos los animales salvajes y domésticos que estaban con él en el arca. Hizo que soplara un fuerte viento sobre la tierra y las aguas comenzaron a bajar* (Génesis 8:1).

Las primeras tres palabras fueron todo lo que necesitaba. Todavía las cito de vez en cuando.

Cuando te das cuenta de que Dios sabe dónde estás y que volverá a acompañarte —a su tiempo—, sientes ¡una gran paz!, ¡una gran alegría! Antes que Noé se quedara sin recursos y provisiones, ¡Dios se acordó de él! El Señor sabe dónde estás y sabe cuánto te queda en reserva. Antes que se te acabe, precisamente, Dios enviará un viento que hará retroceder las aguas de la imposibilidad y proveer para ti.

No puedo comenzar a describir la verdadera munición que recibí de esas poderosas palabras: ¡Pero Dios se acordó de

Noé! Yo también, necesito ministrar para evitar que mi actitud caiga mientras espero la manifestación de la promesa de Dios. A veces, los simples recordatorios de que Dios todavía es soberano traen gran alegría al corazón de la persona que se encuentra en un patrón de espera.

El consolador Espíritu de Dios calma mis temores cada vez que me recuerda que Dios no olvida. Cuando trabajamos con personas, a menudo debemos recordarles que todavía estamos con ellos. Parecen olvidar fácilmente quiénes somos o qué hicimos. ¡Dios no!

No confundas tu relación con él con la que tienes con la gente. Dios dice, a través de Pablo, que es injusto olvidar. Dios simplemente no olvida. Lleva un excelente registro de todo.

Oración

Querido Dios de las promesas, gracias por no olvidarme nunca, por recordar siempre dónde estoy y cuánta provisión me queda. Gracias a tu abundancia, compartes tu amor y tus bendiciones conmigo, por lo que estoy agradecido. En el glorioso nombre de tu Hijo Jesús, amén.

Declaración

Me mantendré firme en la promesa de que Dios se acordará de mí, ¡pase lo que pase!

La violenta ráfaga de viento del Dios poderoso

De repente, vino del cielo un ruido como el de una violenta ráfaga de viento y llenó toda la casa donde estaban reunidos (Hechos 2:2).

Los datos que Dios tiene de nosotros son tan completos que los cabellos de tu cabeza están contados (ver Mateo 10:30). No solo están contados. Esto significaría que él, simplemente, sabe cuántos son. No, además están numerados, lo que implica que él sabe cuántos se te quedan en el peine. Debes saber que él lleva un registro cronológico de los mechones de cabello que se te caen. También debes saber que ve a tu familia, tus diezmos y tu fidelidad a él. ¿Cuánto más podría Dios velar por ti, que hasta ve el orden numérico de tus cabellos? Por eso, no es de extrañar que David declarara: "¿Qué son los simples mortales para que pienses en ellos, los seres humanos para que de ellos te ocupes?" (Salmos 8:4 NTV).

Amigo mío, la mente de Dios está llena de ti. Incluso en esos momentos de absoluto estancamiento que tienes en la vida, él trabaja para que disfrutes un final que sea de beneficio para ti (ver Jeremías 29:11). Cuando Noé se detuvo el tiempo suficiente para lograr lo que era necesario para su bien, Dios envió el viento. Un viento que viene de la presencia de Dios. Ese viento elimina los obstáculos y seca el suelo bajo tus pies. El viento del Espíritu Santo, a menudo, llega como una señal desde una torre de control y te dice: ¡Tiene autorización para aterrizar!

Cada vez que el viento del Todopoderoso sopla una unción fresca sobre ti es un indicativo divino de una liberación sobrenatural. Independientemente de los obstáculos que enfrentes, hay un viento de Dios que puede ayudarte a vencerlos. Deja que el viento del Señor derribe todo espíritu de temor y pesadez que te haga renunciar a lo que Dios te ha prometido.

La descripción del Espíritu Santo dice que él es como "un viento recio que sopla" (Hechos 2:2). ¡Por cada problema importante que tengas, hay un viento fuerte y poderoso! Ahora bien, un viento normal se puede bloquear. Si cierras la puerta y las ventanas, el viento simplemente pasa sin afectar el edificio.

Sin embargo, si el viento es muy fuerte, derribará la puerta y romperá las ventanas. Hay una ráfaga de viento del Señor que es demasiado fuerte para ser controlada. Una que hace retroceder el Mar Rojo. Una que desvía la corriente del río Jordán. Una que seca las tierras húmedas, pantanosas e inundadas como en los días de Noé. El viento de Dios sigue siendo ultraefectivo contra cada acontecimiento que incida en tu vida.

Oración

Espíritu Santo, sopla en mi vida: destruye el pecado que ha estado de intruso demasiado tiempo. Destroza las ventanas de la falta de perdón, las de los celos y las de la ira, y reemplázalas con perdón, amor y misericordia. Acojo gratamente tus vientos impetuosos, consciente de que con ellos viene la promesa de tu Espíritu a mi interior, la que me guía a tus brazos.

Declaración

¡Escucharé atentamente hasta que el controlador de la torre me autorice y disfrute un aterrizaje sano y salvo!

Escape

El enojo da lugar al diablo (Efesios 4:27).

No basta con rechazar el plan del enemigo. Debes nutrirte con la Palabra del Señor. Necesitas atraer hacia ti la promesa de Dios y la visión para tu futuro. Es una ley natural que todo lo que no se alimente morirá. Todo lo que hayas atraído hacia ti es lo que está creciendo en tu vida. La lactancia materna tiene varias ventajas para el bebé que alimentas: (1) él escucha los latidos de tu corazón, (2) se calienta con tu cercanía y (3) obtiene alimento de ti. Precaución: asegúrate de alimentar lo que deseas que crezca y matar de hambre lo que deseas que muera.

Al leer esto, puede que sientas que la vida se te escapa. Es posible que a menudo tengas éxito en un área y, a la vez, experimentes grandes derrotas en otras. Necesitas un deseo ardiente por el futuro, el tipo de deseo que supere los miedos y las inhibiciones del pasado. Permanecerás encadenado a tu pasado y a todos los secretos que tienes hasta que decidas que es suficiente. Hasta que digas: ¡Ya basta! Lo que te estoy diciendo es que cuando lo que anhelas en el futuro alcance su punto máximo, podrás escapar de cualquier prisión.

Te desafío a que te sientes y escribas treinta cosas que te gustaría hacer con tu vida y las taches, una por una, a medida que las vayas logrando. No hay forma de planificar el futuro y vivir en el pasado al mismo tiempo.

Alrededor de la medianoche, Pablo y Silas estaban orando y cantando himnos a Dios, y los demás prisioneros escuchaban. De repente, hubo un gran terremoto y la cárcel se sacudió hasta sus cimientos. Al instante, todas las puertas se abrieron de golpe, ¡y a todos los prisioneros se les cayeron las cadenas! (Hechos 16:25-26 NTV).

Oración

Padre celestial, por demasiado tiempo he estado cautivo de mi pasado, pero ya no. Me liberaré, con tu ayuda, alimentando solo lo que es bueno y nutritivo para mi vida. Eliminaré de hambre la negatividad y el pecado, colocándote a ti y a tus promesas firmemente en medio de todo lo que digo, hago y creo. ¡Gracias por mi libertad, Jesús!

Declaración

**Hoy no le daré lugar al diablo:
¡Dios reina, plenamente, en mi vida!**

Libertad

*Las Escrituras declaran que todos somos
prisioneros del pecado, así que recibimos la
promesa de libertad que Dios hizo únicamente
por creer en Jesucristo (Gálatas 3:22 ntv).*

Muchos cristianos experimentaron el nuevo nacimiento temprano, en su niñez. Lo cierto es que es beneficioso contar con la ventaja de la ética cristiana. No sé con certeza cómo habría sido haberse criado en el ambiente de la iglesia, aislado de la mundanalidad y el pecado. A veces envidio a aquellos que han podido vivir victoriosos toda su vida. La mayoría de nosotros no hemos tenido esa clase de vida.

Lo que me inquieta son las muchas personas que han perdido la sensibilidad por los demás y que sufren de arrogancia espiritual. Jesús condenó a los fariseos por eso, por su jactancia espiritual, pero muchas veces ese espíritu de superioridad moral se cuela en las iglesias. Hay quienes definen la santidad como lo que uno viste o lo que come. Durante muchos años las iglesias ostentaban el título de "santidad" basados en la apariencia exterior de las personas. Lo triste es que no consideraban el carácter. A menudo, se dejaban llevar por el hecho de que alguien usara maquillaje o joyas carísimas cuando lo importante era que miles de personas se destruían —y lo siguen haciendo— a sí mismas con las drogas, la prostitución y otros males de la sociedad. Las prioridades no estaban en orden. Las personas no pertenecientes a la iglesia que asistían a ella no tenían idea de por qué el ministro enfatizaba la vestimenta exterior cuando la gente sangraba por dentro.

El hecho es que todos nacimos en pecado y fuimos formados en iniquidad. No tenemos una verdadera insignia de justicia que podamos usar en el exterior. Dios concluyó que todos estamos en pecado para poder salvarnos de nosotros mismos (ver Gálatas 3:22). No fue el acto del pecado sino el estado pecaminoso lo que nos llevó a la condenación. Nacimos en pecado, somos formados igual e individualmente en iniquidad, y ninguna raza ni grupo sociológico ha escapado al hecho de que somos la herencia corrompida de Adán.

Oración

Querido Dios, como lo confirma el gran himno: "Sublime gracia del Señor, que a un infeliz salvó... perdido y él me halló". Gracias por salvar a este desgraciado, a este pecador, que —con todo y eso— es hijo tuyo. Espero ansioso, Señor, esos diez mil años en que cantaré alabanzas a ti... y diez mil más. Gracias por la salvación que me diste a través de tu Hijo Jesús. Amén.

Declaración

¡Puesto que creo en Jesús, reclamo y acojo la libertad que Dios prometió!

Paz

*Los consolaré allí, en Jerusalén, como una
madre consuela a su hijo* (Isaías 66:13 ntv).

Recuerdo una vez cuando nuestro auto se dañó. No tuvo que ir muy lejos para colapsar porque ya estaba a las puertas de la muerte. La única manera de arreglarlo era dejar la carrocería ahí y entregarle el motor al Señor.

En ese momento, sin embargo, necesitaba ir a la parte alta de la ciudad para pedirle a la compañía eléctrica que no cortara el único servicio que me quedaba. Así que abordé un autobús. Entré a la oficina dispuesto a suplicar, aunque no a pagar. Le rogué a la joven; le prometí que pagaría. Nada parecía conmoverla y, de todos modos, cortó el servicio. Estaba destrozado. Me habían despedido de mi trabajo y mi iglesia era tan pobre que ni siquiera podía prestarme atención. Estaba en problemas.

Salí de la oficina de servicios públicos y rompí a llorar. Y no me refiero a una silenciosa fuga de líquido por los conductos lagrimales sino a un diluvio de sollozos, jadeos, temblores y lamentos. Parecía un loco caminando por la calle. Estaba al borde del precipicio.

Ante ese arrebato dramático Dios no dijo absolutamente nada. Esperó hasta que tuve un ligero nivel de compostura y luego habló. Nunca olvidaré el tierno sonido de su voz bajo la respiración entrecortada de mi temerosa frustración. Dijo, con el rico tono de una voz tipo clarinete: "¡No permitiré que tu pie resbale!". Eso fue todo lo que dijo, pero fue la forma en la que lo dijo lo que hizo que la adoración sacara el dolor de mi corazón. Era como si dijera: "¿Quién piensas que soy yo? No permitiré que tu pie resbale. ¿No entiendes que te amo?".

Nunca olvidaré, mientras viva, el sacro silencio y la paz que su promesa trasmitió a mi espíritu. De repente, las luces, el gas y el dinero dejaron de importar. Lo que importaba era que sabía que no estaba solo. Se sentó a mi lado y volvimos a casa sonriéndonos a la cara. Éramos el Señor y yo.

Oración

Oh Señor, mi dulce Compañero y Salvador, ¿cómo puedo dudar de tu fidelidad y tu presencia? Tu consuelo y tu paz inundan mi ser cuando escucho tu voz, y dejo de pensar en mis frustraciones y mis miedos. Padre, gracias por decir siempre lo correcto en el momento justo para calmar mis emociones. En el nombre de Jesús, amén.

Declaración

Me haré el hábito de escuchar con más atención la reconfortante voz de Dios que la de mis emociones desbordadas.

Promesas incumplidas

Me libró de mi enemigo poderoso, de aquellos que me odiaban y eran más fuertes que yo. En el día de mi desgracia me salieron al encuentro, pero mi apoyo fue el Señor. Me sacó a un amplio espacio; me libró porque se agradó de mí (Salmos 18:17-19).

Hay una necesidad muy profunda en todos los seres humanos de tener un propósito, aun cuando estemos en medio de una calamidad. De esa sed de significado nace la simple, aunque crucial, oración "¿Por qué?". Muchas veces queremos saber... comprender... entender. Es parte de nuestra superior capacidad creativa. Eso es lo que nos separa de las formas de vida inferiores que tienden a aceptar los acontecimientos tal como se presentan. Lo cierto es que hay dentro de nosotros una insaciable necesidad de entender.

Por otro lado, parece que encontramos cierto grado de consuelo en nuestra propia búsqueda del por qué. No importa cuán dolorosa sea esta, seguiremos buscando pistas entre la basura de los sueños rotos, las promesas incumplidas y los retorcidos problemas de la infancia. Buscamos ambiciosamente esas pistas porque creemos que recibiremos recompensa si las descubrimos. Esta autopsia emocional, a menudo, nos lleva a las entrañas de las actitudes humanas y al comportamiento disfuncional. No necesariamente tenemos que borrar la causa de nuestro dolor; solo queremos —principalmente— encontrar alguna razón o justificación para el dolor y el malestar.

"Entonces Jacob se quedó solo en el campamento, y llegó un hombre y luchó con él hasta el amanecer" (Génesis 32:24 NTV). Como Jacob, todos sabemos lo que significa quedarse solo. Ya sea por muerte, deserción o incluso por desacuerdo, alguna vez todos nos hemos quedado solos. A veces nos desilusionamos cuando descubrimos con qué facilidad la gente se aleja de nosotros. Por lo general, nos dejan cuando pensamos que los necesitamos.

Esto puede ser difícil, pero todo es parte del "programa de logros académicos" de Dios para los creyentes firmes. Él está decidido a despojarnos de nuestra fuerte tendencia a depender de los demás, enseñándonos así la autosuficiencia y la confianza en él. Por lo tanto, la lucha realmente comienza no cuando la gente nos rodea, sino cuando nos abandona. ¡Es entonces que empezamos a descubrir nuestra propia identidad y autoestima!

No es lógico esperar que no haya dolor cuando hay decepción o rechazo. No importa cuán espirituales seamos, cuando se rompen los convenios y se traiciona la confianza, ¡hasta la persona más estoica se estremecerá por el dolor!

Oración

Mi Señor y Salvador, qué reconfortante es saber que nunca me dejarás ni me abandonarás. Que cumples tus promesas, que no las rompes ni las evades. Lo sé en mi espíritu y confío implícitamente en ti, que cumples lo que prometes; por lo que te aseguro que te daré toda la gloria por cada cosa buena que suceda en mi vida. En el nombre de Jesús, amén.

Declaración

Soy rescatado de los enemigos más
poderosos porque el Señor me sostiene.
Él me lleva a un lugar seguro
porque soy su deleite.

Libertad de toda maldición

*Salven al débil y al necesitado; líbrenlos de
la mano de los malvados* (Salmos 82:4).

El enemigo quiere violar a los hijos de Dios. Él está planeando
y tramando tu destrucción. Te ve con ojos lujuriosos. Está
apasionado por ti y persevera en ello. Jesús le dijo a Pedro:
*"Satanás ha pedido zarandearlos a ustedes como si fueran
trigo. Pero yo he orado por ti"* (Lucas 22:31-32). Satanás codicia
a los hijos de Dios. Él te quiere. Te anhela con una pasión
bestial. Solo espera una oportunidad para atacarte.

Además, le encanta utilizar a las personas para que
satisfagan esos mismos deseos lujuriosos entre sí. El deseo
es una fuerza motivadora. Puede inducirte a hacer cosas
que nunca pensaste que podías realizar. La lujuria puede
hacernos romper nuestro compromiso con nosotros mismos.
Y ciertamente hará que las personas persigan cosas que
nunca pensaron que alcanzarían.

Al igual que Pedro, es posible que hayas pasado por
momentos horribles, pero Jesús intercede por ti. No importa
las luchas que hayas enfrentado, la confianza se encuentra
en el ministerio de nuestro Sumo Sacerdote. Él ora por ti. La
fe llega cuando reconoces que no puedes evitarlo. Solo la
confianza en Cristo puede sacarte adelante.

Muchos han sufrido bastante, pero Cristo da la fuerza
para vencer los ataques de Satanás y la humana lujuria
egoísta. A menudo, los efectos residuales del abuso persisten
por muchos años. Algunos nunca encuentran liberación

porque no permiten que Cristo entre en los lugares oscuros de sus vidas.

Jesús ha prometido liberarte de toda maldición del pasado. Si has sufrido abuso, debes saber que él te dará sanidad completa. Él quiere el bien total de la persona: en cuerpo, emociones y espíritu. Él te librará de todos los residuos de tu pasado.

Oración

Gran Médico, acudo a ti como un niño humilde y dolido. Acepto tu promesa de liberarme de toda maldición del pasado. Acojo con alegría tus manos sanadoras y llenas de misericordia. Te agradezco por borrar todos los vestigios de cualquier abuso, ya sea físico, mental, espiritual o emocional. En ti radica toda la gloria, la honra y el poder. Amén.

Declaración

Soy sano del dolor pasado, del daño, de la ira, del abuso y de todo lo impío.

Unción

Tú amas la justicia y odias la maldad; por eso Dios, tu Dios, te ungió con aceite de alegría, te prefirió a ti por encima de tus compañeros (Salmos 45:7).

Sé que esto parece anticuado, pero creo que cualquier cosa que valga la pena merece que se haga bien. El propio Dios se toma su tiempo para desarrollarnos. Ningún éxito instantáneo es verdaderamente útil. Él prefiere la calidad antes que el título. ¡Un pequeño comienzo es solo el preludio de un tremendo crescendo al final! Muchas de las obras maestras de Dios se desarrollaron en circunstancias pequeñas y sombrías.

Moisés, el "mesías" del Antiguo Testamento enviado a las ovejas perdidas de Israel, fue entrenado en liderazgo mientras paleaba estiércol de oveja en lo profundo del desierto. No hubo una escuela elegante para ese chico. Es cierto que su disciplina se desarrolló en las cortes reales de la casa de Faraón, pero su carácter se moldeó a través de un fracaso en su vida y un reino desértico sin nadie a quien guiar excepto moscas, mosquitos y ovejas. ¿Quién hubiera pensado, al ver la iglesia de Moisés, compuesta de diáconos cabras y mosquitos como miembros del coro, que más tarde lideraría el mayor movimiento en la historia de la teología del Antiguo Testamento?

¿Quién hubiera imaginado que ese viejo e impotente Abraham, en el ocaso de su vida y sin fuerzas —porque habían desaparecido— al fin engendraría una nación; más todavía, una nacionalidad? En un momento está sentado en el borde de la cama con una expresión de vergüenza en su rostro y, al instante siguiente, está engendrando hijos incluso después de haber muerto Sara. No puedes saber lo que hay en ti esperando por surgir. Dios está forjando paciencia, carácter y enfoque en tu vida, y para ello tiene una escuela llamada "parece que nada está sucediendo". Así que asiste a esa clase y saca la mejor calificación del curso; que él está trabajando para tu bien.

Muchos malinterpretan las profecías del Señor, por lo que sienten descontento y desesperación. El hecho de que Dios prometa actuar en tu vida y te unja para realizar una función particular no significa que tu fundamento se construirá de inmediato.

Oración

Mi oración hoy es darme cuenta de que tú, Dios, estás trabajando y moviéndote en mi vida cada día, aunque no lo parezca. Creo que has ungido mi ser para reflejar tu fidelidad y tu bondad. Mi fundamento está construido sobre ti y solo sobre ti. En el nombre de tu Hijo, amén.

Declaración

**Soy hijo de Dios.
¡Su unción me acompaña
cada día con alegría!**

Embarazo

*No tengas miedo, Zacarías, pues ha sido escuchada
tu oración. Tu esposa Elisabet te dará un hijo
y le pondrás por nombre Juan* (Lucas 1:13).

Elisabet, la esposa del sacerdote Zacarías, es el sinónimo
bíblico de la esposa del pastor moderno. Era una mujer de
invierno con una experiencia de verano. Estaba embarazada
de una promesa. A pesar de sus años de decadencia, estaba
alcanzando más logros entonces que en su juventud. Ella es
una prueba bíblica de que Dios nos bendice a su tiempo y
en sus propios términos. Además, también estaba jubilada.
Tal vez era la actitud de la comunidad.

Cuando una mujer mayor todavía es vibrante y productiva,
es posible que pueda provocar celos e intimidación. Quizás
fue la quietud serena en su útero, lo que algunos creen que
experimentó. Cualquiera sea el motivo, estuvo aislada durante seis meses hasta que escuchó un golpe en la puerta. Si te
has aislado de los demás, cualquiera sea el motivo, oro para
que escuches el toque del Señor. Él te dará *traje de alabanza
en vez de espíritu de desaliento* (ver Isaías 61:3).

Cuando Elizabet levantó su cuerpo todavía crujiente, que
parecía casi anclado a la silla, y caminó con su agrandado
torso hacia la puerta, vio a una niña, una imagen de ella
misma en tiempos pasados, parada allí. Abrir esa puerta
cambió su vida para siempre.

Al abrir la puerta a nuevas relaciones y quitar la cadena de
tus propios miedos, Dios te abrumará con un nuevo esplendor.

María, la futura madre de nuestro Salvador y Señor, la joven prima de Elizabet, estaba en la puerta. El saludo de la joven, la exposición a su experiencia, hizo que el bebé en el vientre de Elizabet saltara y esta quedó llena del Espíritu Santo.

¡Dios reactivará tu corazón! ¡Él no quiere que te sientes en una silla y mueras! ¡En el nombre de Jesús, levántate y abre la puerta! La gente probablemente se preguntaba por qué esas mujeres tan diferentes eran tan cercanas, ¡es que lo que había allí era un vínculo divino!

Oración

Padre Dios, me emociona saber que estoy embarazado de una promesa que has puesto dentro de mí. Oro con el fin de que me prepares para dar a luz esta promesa según tu voluntad y que acoja lo que tienes en mi futuro, nutriéndolo según tus deseos. Con agradecimiento y alabanza, lo pido en el nombre de Jesús, amén.

Declaración

**¡Abriré cada puerta de oportunidad
que Dios ponga frente a mí!**

Semillas prometidas

El Señor se apareció a Abraham junto al bosque de encinas de Mamré, cuando Abraham estaba sentado a la entrada de su tienda de campaña a la hora más calurosa del día ... "Dentro de un año volveré a visitarte —dijo uno de ellos—, y para entonces tu esposa Sara tendrá un hijo" (Génesis 18:1, 10).

Sara quedó embarazada y dio un hijo a Abraham en su vejez. Esto sucedió en el tiempo anunciado por Dios (Génesis 21:2).

Entre estos momentos poderosos en la vida de uno de los mejores ejemplos de esposas que Dios menciona, todo en Sara fue puesto a prueba. Creo que su amor por Abraham le dio el valor para irse de casa, pero el amor que sentía por Dios produjo la semilla prometida.

Pero, mucho cuidado. No estoy diciendo que su amor por Dios reemplazó al amor por su esposo. Simplemente digo que complementó al otro al más alto nivel. Después de todo, ¿de qué sirve apreciar lo que Dios nos dio si no valoramos al Dios que nos lo dio? Si la edad no hace nada más, debería ayudarnos a poner las cosas en la perspectiva adecuada. No hay nada como el tiempo para demostrarnos que tenemos prioridades equivocadas.

En el verano, ella siguió a Abraham fuera de su país y lejos de sus parientes. A medida que las estaciones de la vida cambiaban, ella emprendió otra peregrinación hacia lo que podría haber sido una gran tragedia. Abraham, su amado esposo, llevó a su esposa a Gerar. Como soy hombre y líder, no me atrevo a ser demasiado duro con él. Cualquiera puede tomar una mala decisión. Podría defender la decisión de ir a Gerar, aunque Gerar significa "lugar de descanso". He tomado decisiones que me llevaron a un punto muerto en mi vida.

Lo que es reprensible es que Abraham, el protector y abrigo de Sara, cuando temió por su propia seguridad, mintió sobre su identidad (Génesis 20). Nunca se sabe quiénes son las personas hasta que están bajo presión. Ahora bien, no estoy siendo ingenuo respecto del flagrante desprecio de Abraham por la verdad. Pero fue una mentira que puso en peligro su vida.

Oración

Dios omnisciente, mientras miras hacia mi futuro, oro para que tengas misericordia de mí si es que hago decisiones equivocadas. Dependeré de tu sabiduría para que me guíes cuando tenga que tomar decisiones, pero estoy consciente de que a veces tropiezo delante de ti, inclinándome hacia mis deseos y necesidades humanas y no hacia los tuyos. Pongo mi confianza en ti y en tu Palabra. En el nombre de Jesús, amén.

Declaración

Me apoyaré en el Señor cuando tome decisiones, ¡grandes o pequeñas!

¿Qué más voy a decir? Me faltaría tiempo para
hablar de Gedeón, Barac, Sansón, Jefté, David, Samuel
*y los profetas, **los cuales por la fe** conquistaron*
*reinos, hicieron justicia y **alcanzaron lo prometido**;*
cerraron bocas de leones (Hebreos 11:32-33).

El fanatismo de algunas corrientes teológicas ha intimidado a muchos cristianos en cuanto a los conceptos de fe en su relación con las promesas de Dios. Sin embargo, la fe es una cuestión tan importante para el cristiano que a la gente de la iglesia primitiva se la llamaba simplemente "creyentes", en reconocimiento a su gran fe.

Necesitamos entender las distinciones de la fe. La fe no puede alterar el propósito; solo actúa como un agente para ayudar a cumplir el propósito predeterminado de Dios. Si el plan divino requiere que suframos cierta oposición para poder cumplir su propósito, entonces la fe se convierte en el vehículo que nos permite perseverar y nos libra de la prueba.

Por otro lado, el enemigo aflige al creyente en sus intentos por abortar el propósito de Dios. La fe es un vigilante nocturno enviado para guardar el propósito de Dios. Nos librará de las manos del enemigo; el enemigo es cualquier persona o cosa que perturbe el propósito de Dios con nuestras vidas.

Hebreos 11 analiza en forma detallada la definición de fe. Comparte las obras de fe en los versículos 32-35 y finalmente analiza la perseverancia de la fe en los versículos 35-39. También hay distinciones en cuanto a la fe. La enseñanza de

Hebreos 11:32-35, enfatiza en forma muy intensa, una fe especial que evade el peligro y vence los obstáculos: "Apagaron la furia de las llamas y escaparon del filo de la espada; sacaron fuerzas de flaqueza; se mostraron valientes en la guerra y pusieron en fuga a ejércitos extranjeros" (Hebreos 11:34).

Sin embargo, en los versículos finales del capítulo, casi como si fueran notas a pie de página, el escritor aborda las distinciones de otro tipo de fe. En sus comentarios finales, expresa que hubo otros creyentes cuya fe fue ejemplificada *a través* del sufrimiento y no *por* el sufrimiento.

> *Otros sufrieron la prueba de burlas y azotes, e incluso de cadenas y cárceles. Fueron apedreados, aserrados por la mitad, asesinados a filo de espada. Anduvieron fugitivos de aquí para allá, cubiertos de pieles de oveja y de cabra, pasando necesidades, afligidos y maltratados* (Hebreos 11:36-37).

Oración

Dios todopoderoso, oro por una fe como la de David, de José y de todos los creyentes que tuvieron el privilegio de vivir durante el tiempo en que Jesús estuvo en la tierra. Que mi fe en ti, en tu Hijo y en el Espíritu Santo impregnen mi ser de principio a fin como un legado de tu reinado y tu gobierno en mi vida. En el nombre de Jesús, amén.

Declaración

**¡A través de mi fe en Dios obtendré
las promesas de Dios!**

Fe para tomar una posición

*Por la fe la prostituta Rajab no murió junto
con los desobedientes, pues había recibido
en paz a los espías* (Hebreos 11:31).

Dios quiere que le creas. Que tomes una decisión y te mantengas firme en ella. Rajab decidió ponerse del lado del pueblo de Dios. Por eso escondió a los espías. Hizo su decisión basada en su fe. Tomó las medidas adecuadas. La fe es un hecho, es acción. Ella actuó porque creía que Dios la libraría cuando Jericó cayera en manos de los israelitas.

Sara recibió fuerzas para concebir y dar a luz a un niño cuando ya había pasado su edad fértil. Ella actuó porque juzgó fiel a aquel que había prometido. *"Por la fe incluso Sara, a pesar de su avanzada edad y de que era estéril, recibió fuerza para tener hijos, porque consideró fiel al que le había hecho la promesa"* (Hebreos 11:11). Pasó por el proceso de la gestación y dio a luz a un niño no por sus condiciones, sino por su fe. Sara le creyó a Dios.

Dios quiere que tu fe se desarrolle. Independientemente de tu posición y de tu pasado, Dios levanta a las personas por igual. La fe es un negocio que ofrece igualdad de oportunidades. No importa cuántos errores hayas cometido, la fe es lo que Dios honra. Como ves, es posible que hayas fallado, pero Dios está en el negocio de restaurar las vidas quebrantadas.

Quizás hayas sido como Rajab pero, si puedes creerle a Dios, él salvará tu casa. Como sabes, él no solo la salvó a ella. Salvó a toda su familia. El resto de las casas de Jericó y sus habitantes fueron destruidos. La única casa que Dios salvó en la ciudad fue aquella en la que vivía la prostituta.

Es probable que alguien pensara que Dios tal vez salvaría la casa de alguna señorita decente. Quizás habría salvado alguna cabaña que albergara a una anciana o la vivienda de una viuda, con sus aceras llenas de flores. Pero no, Dios salvó la casa de la prostituta. ¿Acaso lo hizo porque quiso? No, lo que él quería era la fe. Eso es lo que mueve a Dios. La fe.

Oración

Dios, escucha mi oración por las veces que no me he pronunciado por ti, por la justicia, por el perdón. Quita mi remordimiento por esas faltas cometidas. Señor, escucha mi oración de arrepentimiento, te pido que redimas mis pecados. Tú Señor, todopoderoso, eres fiel para salvar a quienes ponen su confianza en ti. Te pido que consideres mi fe en ti a través de esta oración, de mis acciones y de la postura que asumo contra el mal y en pro del bien. En el precioso nombre de Jesús, amén.

Declaración

¡Estoy a favor de Dios y de su pueblo!

Olvida tu miseria

Ciertamente olvidarás tus pesares o los recordarás como el agua que pasó. Tu vida será más radiante que el sol de mediodía y la oscuridad será como el amanecer. Vivirás tranquilo, porque hay esperanza; estarás protegido y dormirás confiado. Descansarás sin temer a nadie y muchos querrán ganarse tu favor (Job 11:16-19).

Es inconcebible, para alguien herido, que pueda olvidar la lesión. Sin embargo, olvidar no es desarrollar amnesia. Es llegar a un punto en el que la miseria es arrancada de la memoria como se elimina el aguijón que deja un insecto al picar la piel. Una vez que desaparece el aguijón, la curación es inevitable. Este pasaje de Job 11 señala de manera muy elocuente que la memoria es como "el agua que pasó". Párate en un arroyo en el que el agua empape tus tobillos. Las aguas que te mojan en ese momento, nunca las volverás a ver. Lo mismo ocurre con la miseria que ha desafiado tu vida: déjala ir. Déjala pasar.

El brillo de la mañana contrasta marcadamente con la oscuridad de la noche; en pocas palabras, era de noche, pero ahora es de día. Quizás David entendió las secuelas de la liberación traumática cuando dijo: *"Si por la noche hay llanto, por la mañana habrá gritos de alegría"* (Salmos 30:5).

Sentimos una seguridad extrema cuando estamos a salvo en los brazos de Dios. Cuando tenemos certeza de nuestra relación con Dios, dejamos que el pasado se nos caiga como una prenda de vestir. ¡Lo recordamos, pero decidimos no usarlo!

Estoy convencido de que descansar en la relación que tenemos con Dios nos sana y evita que alberguemos sentimientos de vulnerabilidad. Es una pena que muchos cristianos aún no hayan descansado en la promesa de Dios. Todo el mundo necesita tranquilidad. Tanto las niñas como las mujeres adultas necesitan esa sensación de seguridad. En el proceso de la creación de Eva, la madre de todos los vivientes, el tiempo de Dios fue crucial. De hecho, Dios no la reveló hasta que le proporcionó todo lo que necesitaba. Desde el establecimiento hasta la relación, todo estaba en orden. La mujer, de manera innata, tiende a necesitar estabilidad. No quiere cambios repentinos que perturben ni comprometan su seguridad.

Oración

Dios del universo, con tu ayuda, dejaré que mi miseria fluya a mi lado como las aguas de un río. Sé que insistir en pensamientos negativos no es saludable, así que por favor —Señor— llena mi mente y mi espíritu con tus pensamientos buenos y positivos. Acudiré a tu Palabra y llenaré mi ser con toda la sabiduría, el amor y la alegría que ella contiene. Gracias por la Biblia y por tu único Hijo, Jesús, en nombre de quien oro, amén.

Declaración

**Opto por tener esperanza, la cual me
dará valor. Estaré protegido y descansaré
con seguridad y sin miedo, porque
acudo a Dios en busca de ayuda.**

Amigos

*Ya no los llamo siervos, porque el siervo no está
al tanto de lo que hace su amo; los he llamado
amigos, porque todo lo que a mi Padre le oí decir
se lo he dado a conocer a ustedes* (Juan 15:15).

¿Qué pasa cuando la amistad da un giro inusual? ¿Sabías que Dios, nuestro Amigo supremo, a veces maneja las acciones de nuestros enemigos para hacer que trabajen como amigos y así cumplir su voluntad en nuestras vidas? ¡Dios puede bendecirte a través de las peores relaciones! Por eso debemos aprender a aceptar incluso las que parezcan dolorosas o negativas. El tiempo, el esfuerzo y el dolor que invertimos en ellas no es en vano, ¡porque *Dios sabe cómo hacer que la adversidad sustente el destino en nuestras vidas!*

En resumen, el rastro sangrante de los corazones quebrantados y las relaciones dolorosas nos llevan, en última instancia, a la riqueza del propósito de Dios con nosotros. Cada uno de nosotros, periódicamente, escuchará un golpe en la puerta. Es la llegada de nuestro viejo amigo Judas —con la traición—, cuyo beso frío y sin compasión nos guía al cumplimiento de la voluntad de Dios. Sin duda, estas traiciones provocan lágrimas de sangre en nuestros ojos y nos clavan en una fría cruz. ¡Sin embargo, el beso de la traición nunca podrá abortar las preciosas promesas de Dios para nuestra vida! El desafío es sentarse a la mesa con Judas a un lado y Juan al otro, y no tratar a uno de manera diferente al otro, aunque seamos claramente conscientes de la identidad y el plan de cada uno.

Si has sido traicionado o herido por alguien muy cercano, perdónalo. Realmente fue una bendición. ¡Solo serás mejor cuando dejes de estar amargado! No puedo evitar que lleguen tus dolores; tampoco puedo prometer que todos los que se sienten a la mesa contigo serán leales. Pero puedo sugerir que los sufrimientos del éxito nos dan dirección y fortalecen nuestro carácter.

A fin de cuentas, cuando encuentres la gracia de reevaluar a tus enemigos y te des cuenta de que muchos de ellos eran amigos disfrazados, solo puedo colocar una cálida mano de consuelo en tu hombro sollozando y secar la dócil lluvia de las lágrimas de tus ojos. Mientras Dios sana el dolor que tienes, quiero susurrarte al oído: "La traición solo se endulza cuando decides sobrevivir. ¡Vive, amigo mío, vive!".

Oración

Padre celestial, gracias por tu amistad. Que me consideres tu amigo es una gran lección de humildad y me esforzaré por ser tu mejor amigo. La gente no ha estado a la altura de mis expectativas en cuanto a lo que debe ser un amigo, pero confío en que utilizarás esas experiencias para mi beneficio. Dame tu perspectiva, Señor, sobre los amigos y cómo quieres que me relacione con ellos. Gracias. En el nombre de Jesús, amén.

Declaración

¡Dejaré la amargura para ser mejor!

Un nuevo cuerpo

¿No saben que ustedes son templo de Dios y que el Espíritu de Dios habita en ustedes? Si alguno destruye el templo de Dios, él mismo será destruido por Dios; porque el templo de Dios es sagrado y ustedes son ese templo (1 Corintios 3:16-17).

La mayoría de nosotros llegamos al Señor en mal estado. Estamos muertos espiritualmente, dañados emocionalmente y decaídos físicamente. Cuando te salvó, resucitó tu espíritu muerto. También te prometió un cuerpo nuevo. Luego comenzó la renovación necesaria para reparar tus pensamientos errados sobre la vida, sobre los demás y sobre ti mismo: aquí vienen todo tipo de clavos, sierras, niveles, ladrillos y bloques.

Aun cuando nos vistamos y olamos bien por fuera, la gente no escucha el constante martilleo y el golpeteo que se produce en nuestro interior mientras el Señor trabaja dentro de nosotros, tratando desesperadamente de cumplir con una fecha límite y presentarnos como una obra maestra recién construida, apta para el uso del Maestro.

Porque somos hechura suya, creados en Cristo Jesús para buenas obras, las cuales Dios preparó de antemano para que anduviésemos en ellas (Efesios 2:10).

Detrás de nuestras superficiales sonrisas forzadas y nuestros agradables saludos, solo nosotros sabemos los conflictos internos que enfrentamos en tiempos cruciales. Dios siempre está expulsando los pensamientos destructivos que nos impiden captar el llamado y los dones ocultos en lo más profundo de nuestras mentes.

No importa con quién nos encontremos, una vez que los conocemos, comenzamos a darnos cuenta de que ellos también tienen sus propios desafíos. ¿Alguna vez conociste a alguien y pensaste que lo tenía todo bajo control? Una vez que te involucras estrechamente con esa persona, comienzas a notar una falla aquí, otra falta allá o incluso una actitud inquietante.

Sí, todos necesitamos que el Señor nos ayude con nosotros mismos. Acudimos a él como edificios arruinados, quebrantados por los problemas, los pecados o las dificultades de la vida; pero Satanás —que representa el mal y la desesperanza—, pensaba que esos edificios no tenían redención ni podían ser habitados. Sin embargo, el Espíritu Santo intervino, trajo consigo sus herramientas y nos restauró.

Oración

Maestro constructor, trae tu martillo y tus clavos para que trabajes en mí cuando y donde veas mis añicos. Confío completamente en tus habilidades para construir, sé que seré una mejor persona, ¡listo para darte toda la gloria por hacerme una obra tan grande! Te doy gracias, Padre, en el nombre de tu Hijo, amén.

Declaración

El Señor habita dentro de mí: ¡soy un modelo recién construido y listo para servir!

Crecimiento

Toda obra del Señor tiene un propósito;
¡hasta el malvado fue hecho para el día
del desastre! (Proverbios 16:4).

No vas a crecer mucho porque llegues a la cima más alta de la montaña más empinada. El gran crecimiento ocurre a través de los valles y los llanos donde te sientes limitado y vulnerable. El momento en que Dios realmente se está moviendo en tu vida puede parecer el más terrible que jamás hayas experimentado.

Me adelanto, pero Él no está allí, retrocedo, pero no lo puedo percibir; cuando se manifiesta a la izquierda, no lo distingo, se vuelve a la derecha, y no lo veo (Job 23:8-9 NBLA).

Dios está obrando en ti, en tu fe y en tu carácter aun cuando creas que no lo está haciendo y que la bendición se retrasa. ¡La bendición es la recompensa que viene después de que aprendes a obedecer a través de las cosas que sufriste mientras esperabas! Como Job, cuando responde a su amigo, puedo decir que no he terminado con la mano izquierda, ni quiero terminar. Por tanto, lo primero que hay que vencer para conquistar el valle es la montaña.

Si no hay valle, no hay montaña. Después de haber pasado por ese proceso varias veces, comienzas a percatarte de que el valle es solo una señal de que con unos pocos pasos más, ¡estarás en la montaña nuevamente! Así que, Dios trabaja con la mano izquierda (cuando su obra no es muy evidente), pero —al final de cada sesión— hay un premio. ¡Así que espéralo!

Es difícil percibir las obras de Dios cuando no es muy evidente (o con la mano izquierda). Dios hace movimientos definidos con la mano derecha, pero cuando obra con la izquierda, ¡puedes pensar que te ha olvidado! Si has estado viviendo en el lado izquierdo, has pasado por un período que no parecía tener el menor movimiento. Como si todo aquello sobre lo que querías ver a Dios actuar permaneciera quieto.

"¿Se ha ido de vacaciones? ¿Ha olvidado su promesa?", te has preguntado. ¡La respuesta es no! Dios no se ha olvidado. Simplemente necesitas entender que a veces actúa abiertamente. A eso lo llamo "bendiciones de la mano derecha". Pero a veces se mueve en silencio, de puntillas, en lo invisible, trabajando en las sombras. No puedes verlo porque él está trabajando en lo que no se ve.

Oración

Querido Dios, a veces me confundo y me pregunto dónde estás. Sin embargo, en el fondo sé que siempre estás conmigo. Tengo una confianza y una paz que sobrepasan mi comprensión. Así que, cuando lleguen los problemas y no pueda sentir tu presencia, recordaré que estás trabajando en mí detrás de escena, a diestra y siniestra, y que haces todo según tu propósito. Confío en ti y te alabo por lo que eres: el gran YO SOY. En el nombre de Jesús, amén.

Declaración

**Estoy creciendo espiritualmente
porque leo la Palabra de Dios cada
día y escucho sus enseñanzas.**

Más y más gloria

Así, todos nosotros, que con el rostro descubierto reflejamos como en un espejo la gloria del Señor, somos transformados a su semejanza con más y más gloria por la acción del Señor, que es el Espíritu (2 Corintios 3:18).

He aprendido a ser agradecido por los resultados finales. A través de cada prueba y cada experiencia, debes repetirte lo que dijo Job: "Saldré puro como el oro" (ver Job 23:10). Puede que no salga hoy. Puede que ni siquiera sea mañana. Pero cuando Dios termine de derretir todas las impurezas y de eliminar la escoria, cuando los tiempos difíciles hayan desaparecido y lo inestable en mi vida encuentre el equilibrio, ¡entonces brillaré!

Amado cristiano santo, que estás pasando por un tiempo tempestuoso caminando con Dios en medio de lo tenebroso, sé fuerte y muy valiente. ¡Cada promesa tiene un proceso! Pronto serás remodelado y convertido en un cáliz de oro del que solo el Rey podrá beber. Toda escoria será eliminada de tu vida; todo miedo desaparecerá.

Los espectadores se reunirán para preguntar cómo se hizo una obra tan maravillosa con materiales tan baratos. Contemplarán la joya de tu testimonio y la brillante gloria de esa unción fresca. Algunos se preguntarán si eres la misma persona que conocían. ¿Cómo responderás? En pocas palabras, diles: ¡No, ahora soy hijo de Dios!

Ahora estás a la diestra del Maestro, listo y dispuesto para ser usado como un vaso de honra para él. No importa cuán glorioso sea sentarse a su derecha y ser llevado a una posición de poder, solo recuerda que —aunque ya venciste—, fuiste reducido y vaciado cuando vivías en el lado izquierdo de Dios. Acompáñame a repasar tu vida.

Revisa tus experiencias del lado izquierdo (o siniestro). Prueba las lágrimas amargas y los vientos fríos de la indiferencia humana y nunca, jamás, dejes que nadie te haga olvidar. Tú y yo lo sabemos. Es nuestro secreto, ya sea que se lo digamos o nos sentemos en silencio y conversemos un poco. No siempre has estado donde estás ni has brillado como brillas. ¿Qué puedo decir? ¡Has recorrido un largo camino, querido!

Oración

¡Oh sí, Señor, me sacaste del desastre que hice en mi vida en el momento en que te acepté como mi Señor y Salvador! ¡Gracias! Señor, espero con ansias lo que tienes para mí a continuación: los problemas y el trabajo que me harás superar y que me harán más perfecto para la obra del reino que ideaste para mí.

Declaración

¡Es un privilegio y un honor compartir mi testimonio de haber sido transformado de gloria en gloria por el Espíritu del Señor!

Resiliencia

Hermanos, no pienso que yo mismo lo haya logrado ya. Más bien, una cosa hago: olvidando lo que queda atrás y esforzándome por alcanzar lo que está delante, sigo avanzando hacia la meta para ganar el premio que Dios ofrece mediante su llamamiento celestial en Cristo Jesús (Filipenses 3:13-14).

Aunque los héroes no tienen que ser perfectos, estamos conscientes de que deben ser personas lo suficientemente resilientes como para sobrevivir a la tragedia y la adversidad. Todos nosotros hemos sentido el dolor del infortunio en nuestros conflictos, ya sea un ataque físico, emocional, económico, espiritual o sexual. Cualquiera sea la categoría a la que pertenezca el ataque, todos ellos son de naturaleza muy personal.

Los verdaderos héroes no solo sobreviven a los incidentes, sino que también superan los persistentes efectos que pueden resultar de ellos. ¿Por qué digo eso? Porque si no sobrevives, no podrás salvar a nadie. Ningún joven en una zona de combate puede llevar a su compañero herido si él mismo no sobrevive. ¡Vive lo suficiente para invertir la riqueza de tu experiencia en la liberación de alguna otra víctima a quien Satanás desea atar o incapacitar!

Si hubieran estado pensando en aquella patria de donde habían emigrado, habrían tenido oportunidad de regresar a ella (Hebreos 11:15).

La fe de estos héroes en Hebreos 11 los distingue de los demás. Tus convicciones te hacen distinguir claramente de aquellos cuya complacencia parece que no puedes compartir. El pueblo al que se refiere Hebreos 11 no sabía de dónde venía. En otras palabras, sus mentes estaban llenas de hacia dónde se dirigían. Esos valientes héroes no eran perfectos, pero estaban convencidos de que Dios podía cumplir lo que había prometido. Ahora bien, si sus mentes hubieran estado llenas de lo que había en el lugar de su origen en vez del sitio del destino que les esperaba, habrían regresado.

Ten la seguridad de que las personas siempre se mueven en la dirección que los guía su mente. Sea lo que sea de lo que esté llena la tuya, ahí es hacia donde has de ir. Gracias a Dios por las personas que pueden ver lo invisible y *tocar con su fe las promesas intangibles de Dios.*

Oración

Mi héroe, mi Dios todopoderoso, vengo ante ti con un corazón agradecido y humilde. Que siempre pueda acudir a ti en busca de instrucción para avanzar hacia el destino que escribiste para mí, aun antes de que fuera concebido en el vientre de mi madre. Sé que eres capaz y estás dispuesto a cumplir las promesas hechas a todos tus hijos que te aman. Gloria a ti, mi Héroe, mi Salvador. ¡Amén!

Declaración

¡Me esforzaré por ser un sobreviviente de Cristo, avanzando en cada batalla para ganar el premio!

Fecundidad

Aunque como apóstoles de Cristo hubiéramos
podido ser exigentes con ustedes, los tratamos con
delicadeza. Como una madre que amamanta y
cuida a sus hijos, así nosotros, por el cariño que les
tenemos, nos deleitamos en compartir con ustedes no
solo el evangelio de Dios, sino también nuestra vida.
¡Tanto llegamos a quererlos! (1 Tesalonicenses 2:7-8).

Satanás quiere usarte para entrar legítimamente a este mundo o a tu familia. Así destruyó la raza humana con la primera familia. Él sabe que tú eres la entrada de todas las cosas. Eres la puerta de la vida. Ten cuidado con lo que dejas pasar a través de ti. Cierra la puerta a la siembra del enemigo. Debes saber que cuando el sufrimiento llegue a tu espíritu, es porque vas a dar a luz algo.

¡Vas a dar a luz! Por eso te duele. Tu espíritu te está indicando que algo está por pasar. No te preocupes tanto por el dolor que se te olvide pujar al bebé. A veces te enfocas más en el dolor que en el bebé y te ensimismas tanto en lo que te duele que no haces lo necesario para producir frutos en tu vida.

Cuando sientas que el dolor se multiplica, es señal de que Dios se está preparando para enviarte algo. No te conformes con el dolor ni con lo que obtengas de él. Resiste. Ignora el dolor y cumple la promesa. Entiende que Dios te ha prometido algunas cosas que él quiere que tengas, y tienes que permanecer ahí en la mesa hasta que llegues al lugar donde debes estar en el Señor.

Después de todo, el dolor se olvida cuando el bebé nace. ¿Qué es el dolor en comparación con el bebé? Es posible que algunos hayan dejado caer al bebé. Eso sucede cuando estás tan absorto en el dolor que dejas atrás la recompensa. Tu atención se enfoca en lo incorrecto. Puedes preocuparte tanto por lo mucho que sufriste que no disfrutes la alegría de ver los frutos.

Oración

Palabra de Vida, báñame con tu visión. Muéstrame cómo encajo en tu reino aquí en la tierra para poder marcar la diferencia. Haz de tu visión la mía. Dame la fuerza y la sabiduría para seguir adelante con los planes que tienes para mí, planes para prosperarme y no hacerme daño, para darme esperanza y un futuro, como declara Jeremías 29:11. Úsame como quieras. En el nombre de Jesús, amén.

Declaración

Aquí estoy, Señor.
¡Úsame para tu gloria!

Cómo vencer el dolor

Todo lo disculpa, todo lo cree, todo lo espera,
todo lo soporta (1 Corintios 13:7).

En la sala de parto, la partera le dice a una mujer: "Puja". El bebé no nacerá si la madre no presiona. Dios no permitirá que quedes atrapado en una situación sin salida. Pero tienes que pujar mientras sientes dolor, si es que tienes la intención de producir. Me han dicho que cuando el dolor está en su punto máximo es cuando te indican que pujes, no cuando desaparece. Cuando el dolor está en su máxima expresión, ese es el momento en que necesitas pujar.

Cuando empiezas a pujar a pesar del dolor, este pasa a un segundo plano porque te preocupas más por el cambio que por el problema. ¡Puja! No tienes tiempo para llorar. ¡Puja! No tienes tiempo para cometer suicidio. ¡Puja! No es el momento de rendirse. Puja, porque Dios está a punto de hacer realidad una promesa a través de ti. Llora si es necesario y gime si lo requieres, pero sigue pujando porque Dios ha prometido que si ha de venir al mundo, tiene que pasar a través de ti.

El conflicto entre el dolor pasado y el deseo futuro persiste. Aquí está el conflicto. Él dijo: "Con dolor darás a luz los hijos; y tu deseo será para tu marido, y él se enseñoreará de ti" (Génesis 3:16 RVR1960). En otras palabras, sientes tanto dolor al producir el hijo que, si no tienes un equilibrio entre el dolor pasado y el deseo futuro, dejarás de producir. Dios dice: "Después del dolor, tu deseo será para tu marido". El dolor es consumido por el deseo.

Impregnados de destino, las mujeres y los hombres prometedores deben luchar en el espíritu. El pasado duele; el dolor es genuino. Sin embargo, debes aprender a ponerte en contacto con algo más que tu dolor. Si no tienes deseo, no tendrás la tenacidad para resucitar. El deseo volverá. Una vez pasado el dolor, sigue el deseo, porque se necesita deseo para volver a ser productivo.

Oración

Querido Padre, en el nombre de Jesús vengo a ti con dolor. Por favor, dame el deseo de superar el dolor y dar a luz lo que tú tienes para que yo dé a luz. Quiero ser productivo para ti, Señor. Me doy cuenta de que tengo un destino que me diste y quiero lograr todo lo que has diseñado para mí. ¡Te daré toda la alabanza y la gloria por todo lo que pujo!

Declaración

**¡Superaré el dolor y me
concentraré en el futuro!**

Los deseos de tu corazón

*Deléitate en el Señor y él te concederá los
deseos de tu corazón (Salmos 37:4).*

Abraham tuvo muchas promesas de Dios con respecto a sus
descendientes. Dios le dijo que su descendencia sería como
la arena del mar y las estrellas del cielo.

*Te bendeciré en gran manera, y que multiplicaré
tu descendencia —como las estrellas del cielo y
como la arena del mar. Además, tu descendencia conquistará las ciudades de sus enemigos
(Génesis 22:17).*

Hubo dos promesas de descendencia para Abraham.
Dios dijo que su simiente sería como la arena del mar. Esa
promesa representa la nación física y natural de Israel. Estos
eran el pueblo del Antiguo Pacto.

Sin embargo, Dios no se detuvo ahí. También prometió que
la descendencia de Abraham sería como las estrellas del
cielo. Este es el pueblo del Nuevo Pacto, el pueblo exaltado.
Esa es la Iglesia. Somos exaltados en Cristo Jesús. Nosotros
también somos simiente de Abraham. Somos las estrellas
del cielo.

Dios tenía más planes para los descendientes de Abraham
que simplemente comenzar una nueva nación en la tierra.
Planeó un nuevo reino espiritual que durará para siempre. El
plan empezó como una semilla, pero acabó siendo estrellas.

Lo único que había entre la semilla y las estrellas era la mujer. ¿Puedes ver por qué Sara misma tuvo que recibir fuerzas para concebir una semilla cuando ya había pasado la edad de tener hijos? Como el anciano le dio una semilla, ella le dio las estrellas del cielo. Todo lo que Dios te da, quiere que se multiplique en el vientre de tu espíritu. Cuando lo des a luz, será mayor que el primero.

Oración

Padre que estás en el cielo y en mi corazón, gracias por las promesas que has hecho a todos los que creen. Los del Antiguo Testamento y los del Nuevo son destinatarios de tu promesa en cuanto a concedernos los deseos de nuestro corazón. Señor Dios, el deseo de mi corazón es adorarte y alabarte todos los días hasta la eternidad. Crea en mí el deseo de cumplir tu voluntad en mi vida. En el nombre de Jesús, amén.

Declaración

**¡El deseo de mi corazón es cumplir
la voluntad de Dios en mi vida!**

Bendiciones

Si obedeces al Señor tu Dios, todas estas bendiciones vendrán sobre ti y te acompañarán siempre (Deuteronomio 28:2).

Cada aspecto de la creación que recibe algo se lo devuelve a Dios. El reino mineral da fuerza al reino vegetal. El reino vegetal es consumido por el reino animal. Todo llega al punto de retorno.

Cerca de mi casa, enclavado en el valle bajo las orgullosas e hinchadas montañas de Virginia Occidental, corre un río cuyas aguas impetuosas no se pueden contener. El río Elk no puede seguir recibiendo corrientes de agua en cascada desde el suelo de las montañas sin finalmente llevar su bendición al río Kanawha. Este río, aunque más grande, no es menos capaz de violar las leyes del reino. Bebe las aguas de sus fuentes y luego dirige su atención a su destino y devuelve sus aguas al sistema. Entonces el poderoso río Ohio dice amén.

Desde el Ohio hasta el Mississippi y hasta el Golfo de México, cada masa de agua recibe solo para dar. Verás, amigo mío, el éxito no es tal cosa sin un sucesor.

Nosotros, como cristianos, alcanzamos la plenitud cuando llegamos al punto en el que llevamos al Señor todo lo que tenemos y lo adoramos en el otro lado del triunfo. Esta necesidad de devolver una respuesta al remitente es tan instintiva como contestar un teléfono que suena. Hay un zumbido en el corazón del creyente que requiere una respuesta.

¿Por qué contestamos el teléfono? Por nuestra insaciable curiosidad por saber quién llama. Dios nos está llamando. Su llamado resuena a través de nuestros triunfos y conquistas. Un sonido profundo en lo más recóndito de un corazón vuelto hacia Dios sugiere que hay una relación más profunda al otro lado de la bendición.

Por más maravilloso que sea ser bendecido con promesas, todavía hay un leve llamado que sugiere que el Bendito es mejor que la bendición. Es un llamado que mucha gente pasa por alto. El ruido del bullicioso y estridente sonido de la supervivencia puede ser ensordecedor. ¡Debe haber cierto grado de espiritualidad para poder escuchar y responder al sonido interno del llamado de Dios!

Oración

Querido Bendecidor, tengo muchísimas bendiciones por las cuales agradecerte, desde mi familia y mis amigos hasta los pájaros y los árboles, hasta la bendición y el regalo más generoso de todos: tu Hijo, Jesucristo. Eres el mejor Bendecidor de todos los tiempos y te estoy muy agradecido. Que tus bendiciones se multipliquen en todo el mundo, Señor, y que yo pueda transmitir a otros tus abundantes provisiones.

Declaración

Las bendiciones de Dios me alcanzarán porque obedezco la voz del Señor mi Dios.

Tiempo

*Al tercer día, Ester se puso sus vestiduras reales
y fue a pararse en el patio interior del palacio, frente a la
sala del rey. El rey estaba sentado allí en su trono real,
frente a la puerta de entrada. Cuando vio a la reina Ester
de pie en el patio, se mostró complacido con ella y le
extendió el cetro de oro que tenía en la mano. Entonces
Ester se acercó y tocó la punta del cetro* (Ester 5:1-2).

El cambio de ropa de Ester representa nuestra necesidad
de alterar nuestras circunstancias para facilitar el éxito de
la visión que tenemos ante nosotros. Todo debe estar comprometido con la meta: cuerpo, alma y espíritu. Cuando el
rey vio a una persona preparada, concedió el fin esperado.
La atrajo hacia su presencia porque ella se había preparado
para su momento. Por favor escúchame; hay una bendición en el horizonte para la persona con propósito. Solo los
preparados serán elegibles para recibir esta investidura del
Señor, ¡así que alístate!

Como la arenisca que se precipita cual cascada en un
reloj de arena, el tiempo se escapa silenciosamente, sin posibilidad de recuperarlo, para casi todos cada día. El mal uso
de algo tan valioso como el tiempo debería ser un delito. Si
alguien te roba el auto, sería un inconveniente pero no una
tragedia, porque fácilmente puedes adquirir otro. Si alguien
te arrebata tu billetera, sería una molestia, pero unas pocas
llamadas telefónicas salvarían la mayoría de tus pérdidas.
Pero ¿a quién puedes llamar si pierdes el tiempo? ¿Y no

solo el tiempo en general, sino también tu tiempo? ¿Quién puede permitirse el lujo de perder su tiempo? Yo no puedo. ¿Puedes tú?

Pídele a Dios que te dé la paciencia que necesitas para tener el poder de actuar. Puede que te sientas como un niño haciendo fila en una comparsa. Siempre habrá momentos en que otras personas reciban lo que les corresponde y tú te verás obligado a esperar tu turno. Eso no es injusticia; es orden. No hay nada injusto en el orden. Pero después de haber esperado mi turno y pagado mis deudas, llega un momento en que todo es mío. Lo más aterrador que se me ocurre es la posibilidad de perder mi tiempo.

Por lo general, en algún lugar al otro lado de una tremenda prueba está la cosecha de tu sueño. Si has plantado las semillas de una promesa y las has regado abundantemente con tus lágrimas y tus luchas, entonces este es tu momento. ¡Ay del que tiene semillas y no tiene agua para regarlas! Las lágrimas de la lucha constituyen la irrigación del Espíritu Santo. Es a través de tus propias luchas llenas de lágrimas que Dios dirige las aguas de la vida que regarán el campo de tus sueños.

Oración

Señor Dios, entro en tu presencia con alabanza y adoración por lo que eres: el Dios creador que era, que es y que ha de venir. Antes del tiempo, tú existías y después de él vivirás para siempre. Eso me impresiona mucho. Así que oro para que me enseñes a usar sabiamente el tiempo que me das. Para que no pierda el tiempo en deseos frívolos y esfuerzos triviales. Tu tiempo es perfecto y cuanto antes me someta a él, más rápido lograré mi propósito. En el nombre de Jesús oro, amén.

Declaración

¡Estaré listo y dispuesto a recibir
la bendición del tiempo que
el Señor me conceda!

Cosecha

Los que con lágrimas siembran,
con regocijo cosechan
(Salmos 126:5).

La grandeza tiene una sed tremenda. Esta sed se apaga luchando, llenos de lágrimas, por el destino. Una cosa que aprendí sobre la vida es que ni el compañerismo ni la amistad pueden reducir el precio del sacrificio personal. Lo que quiero decir es que nadie puede regar tus sueños excepto tú. No importa cuántas personas te agarren de la mano, debes seguir derramando tus propias lágrimas. ¡Otros pueden llorar contigo, pero no pueden llorar por ti! Esas son las malas noticias. ¡La buena es que habrá una cosecha cuando tus lágrimas terminen!

Por otro lado, debes saber cuándo has derramado suficientes lágrimas, es decir, cuándo dejar de verterlas. Es importante que no te quedes estancado en las lamentaciones. Es más, ¡no riegues demasiado la promesa!, no sea que lo arruines todo.

Es necesario cierta cantidad de lágrimas durante la época de la siembra. Pero cuando hayas llegado al momento de la cosecha, no dejes que el diablo te haga llorar. Las lágrimas son para el sembrador, pero la alegría es para el que cosecha. Así que recoge los frutos de tu campo con alegría. Tú pagaste tus deudas y derramaste tus lágrimas; ahora cosecha tus beneficios. Es tu turno. Alégrate al cosechar tus frutos, sonríe de oreja a oreja, aplaude y muestra tu entusiasmo.

Lloran al ir sembrando sus semillas, pero regresan cantando cuando traen la cosecha (Salmos 126:6 NTV).

Todo tiene una temporada y un propósito en la vida (si lo dudas, lee Eclesiastés 3:1). Es necesario comprender que Dios es justo y que se apropia de las oportunidades para avanzar según su propósito. No sé si esto es cierto para todos, pero usualmente la oscuridad precede a la notoriedad.

El primer Salmo enseña que el bienaventurado medita en la Palabra mientras espera. Afirma que das fruto en tu propia estación. Es bueno reconocer tu temporada y prepararte para ella antes de que llegue. Pero el fruto no crecerá antes de que sea la temporada ideal para ello. No exijas fruto fuera de su temporada. Incluso los menús de los restaurantes tienen una nota que dice que ciertos artículos solo se pueden servir cuando el fruto está en su temporada.

Oración

Dios altísimo, tú sabes que he derramado lágrimas y llorado de vez en cuando a lo largo de los años. También sabes que he pasado estaciones fructíferas así como estériles. ¡Me mantengo en tu promesa de que la cosecha de esas lágrimas y esos llantos vendrá con exclamaciones y cánticos de alegría! Gracias por equilibrar los altibajos de mi vida. Siempre eres fiel. Tú eres mi roca y mi salvación. En el nombre de Jesús, amén.

Declaración

¡El Dios de la cosecha es mi Redentor!

Todas las cosas buenas

Pues el Señor Dios es nuestro sol y nuestro escudo;
él nos da gracia y gloria. El Señor no negará
ningún bien a quienes hacen lo que
es correcto (Salmos 84:11 NTV).

¿De qué sirve disfrutar de tu temporada si, sobre tu cabeza, se acumulan las tenebrosas nubes de advertencia que siguen retumbando —en tus oídos— como una persistente amenaza?

Primero, permíteme reprender al espíritu de temor. El miedo se esconderá en el armario mientras seamos bendecidos y hará ruidos extraños cuando no haya nadie más cerca. Hay que afirmarnos en Dios cuando enfrentemos el temor. No enfoquemos nuestra fe o nuestra devoción únicamente en las acciones o bendiciones de Dios, sino en Dios mismo como ser supremo; en lo que Dios es. Dios no cambia. Por eso debemos poner nuestro afecto en las cosas que son eternas. Él dice: *"Yo, el Señor, no cambio"* (Malaquías 3:6).

Cuando la fría voz del miedo habla, es un gran consuelo saber que Dios no cambia. Su propósito no cambia. Sus métodos pueden cambiar, pero su propósito final no. La gente necesita saber qué viene después. Dios no siempre nos da acceso a esa información, pero ha prometido que *no negará ningún bien a quienes hacen lo que es correcto* (ver Salmos 84:11). Por lo tanto, concluyo que si Dios se encargó de eso, es porque no era bueno para mí. Así que estoy listo para la siguiente tarea; ya que eso será bueno para mí.

Lo que siempre debemos recordar es que Dios puede bendecirnos en muchas áreas. Incluso mientras pasamos algún período de espera, alguna otra área de nuestras vidas estaba siendo bendecida. Realmente no hay tiempos "malos" con Dios. Solo nos sentimos deprimidos cuando, como niños mimados, le exigimos que continúe dándonos lo que nos hizo en una etapa sin apreciar el hecho de que estamos pasando a otra, que seguramente es mejor. Es lo que la Palabra llama ir "por fe de principio a fin" (ver Romanos 1:17).

Dios te ha entrenado demasiado, no dejó ninguna área sin productividad. Él te ha estado preparando en el horno de la aflicción. Cuando comience a llevarte a tu etapa, no permitas que ni siquiera las personas bien intencionadas te intimiden con el miedo al cambio.

Oración

Querido Dios, autor de las bendiciones, la abundancia y la provisión, te alabo y te adoro por todas las muchas cosas buenas que me has dado. Tú conoces mi corazón, así que sabes cuánto me esfuerzo por hacer lo correcto, aunque muchas veces fracaso. Gracias por perdonarme cuando me arrepiento de mi fracaso. Apoyarme en ti, en todo lo que haga, es mi intención y mi anhelo. Por favor, tenme paciencia, Señor. En el nombre de Jesús te lo pido y te doy infinitas gracias, amén.

Declaración

Mi Dios me da gracia, gloria y todo bien, cuando hago lo correcto.

Victoria

¡Pero gracias a Dios que nos da la victoria
por medio de nuestro Señor Jesucristo!
(1 Corintios 15:57).

El lado oscuro de una lucha es el asombroso combate que muchas personas tienen con el éxito. En primer lugar, este solo se consigue al final de una gran batalla. Si fuera fácil, cualquiera podría tenerlo. El éxito es eso, éxito, solo porque se relaciona con la lucha. ¿Cómo puedes tener una victoria sin un conflicto? Si no hay batalla, no hay conquista. De modo que, recibir algo sin luchar por ello disminuye su valor.

El éxito es la recompensa que Dios da a los diligentes que, con perseverancia, obtienen la promesa. No hay manera de recibir lo que Dios tiene para tu vida sin luchar contra los obstáculos y desafíos que bloquean tu camino hacia la conquista. De hecho, las personas que dejan todo para luego lo hacen porque tratan desesperadamente de hallar una manera de alcanzar la meta sin pasar por la lucha.

Cuando yo era joven, los chicos solíamos ir a las tiendas y cambiar las etiquetas de los precios de los artículos que no podíamos comprar por lo caros que eran. No estábamos robando, al menos pensábamos eso, porque pagábamos cierta cantidad; aunque no era el precio fijado. Simplemente no era ni de cerca lo que el proveedor quería que pagáramos. Supongo que pensábamos que teníamos el derecho de asignarle un precio especial al producto en venta —o lo que es lo mismo, colocábamos el artículo en oferta especial para nosotros—, sin el permiso del gerente del establecimiento.

Creo que muchas personas están tratando de hacer lo mismo hoy en sus vidas espirituales. Están intentando obtener ventaja en cuanto a las promesas de Dios. Sin embargo, eso no funciona en el reino de Dios. Cueste lo que cueste, cuesta. No se pueden modificar las etiquetas de los precios. Debes pagar por tu propio camino. Tu pago te ayuda a apreciar las bendiciones cuando llegan, porque conoces el costo de ellas. Por tanto, es lógico que no pongas en peligro el bienestar de algo que no se logra fácilmente.

El celo que se necesita para ser eficaz en el logro de una meta hace que pases de un escalón de la vida al siguiente. A medida que subes esos escalones, se vuelve cada vez más difícil tener éxito sin que otros te encuentren ofensivo. Algunas personas hallarán humillante tu éxito, seas arrogante o no. Se sienten ofendidos por lo que Dios hace por ti.

Oración

Padre celestial, mientras lucho por alcanzar el éxito, puedo recordar continuamente que la recompensa tiene un costo. Pagar ese costo me ayudará a apreciar las bendiciones cuando lleguen, porque sé que pagué el precio con honestidad. Ayúdame a soportar lo que otros puedan decir sobre el éxito que me has dado, y dame la fortaleza para superar los desafíos, sabiendo que en el otro lado está el tipo de éxito que tú ofreces, que siempre es el mejor. En el nombre de Jesús, amén.

Declaración

El éxito es la victoria prometida que Dios
me da cuando soy diligente y persevero
en cada lucha a lo largo del camino.

todo

¡Oh Señor, oye mi oración! ¡Escucha mis gritos de auxilio! No cierres los ojos ante mis lágrimas. Pues soy tu invitado, un viajero de paso, igual que mis antepasados (Salmos 39:12 NTV).

Ahora se entiende que nada sustenta la oración como lo hace la necesidad. Ni el estado de ánimo sereno de una persona ni un ambiente propicio para la adoración pueden promover el surgir de la oración como lo hace un corazón adolorido que dice: "Te necesito, oh Dios, cada momento". La presencia de la necesidad hará que surja el poder de la oración. Incluso el agnóstico hará un débil intento por orar en la crisis, aunque sea momentánea. El alcohólico que se tambalea en dirección a un automóvil que sabe que no debería conducir, antes de que termine la noche, se encontrará intentando marcar el número del cielo y balbuceando con dificultad una oración fugaz en presencia de un potencial percance o de una enfermedad.

La oración es confesar que: "No lo tengo todo". Es admitir ante nosotros mismos que, a pesar de los diseños arquitectónicos y los logros científicos, necesitamos un poder superior. La oración es la experiencia humillante de la mente más arrogante que confiesa: "Todavía hay algunas cosas que no puedo resolver".

La presencia de la oración es, en sí misma, la cuna de la alabanza. ¡La oración es nuestro reconocimiento a la autoridad soberana del Dios que lo puede todo! Es probable que preguntes: "¿Puede todo qué?". Dios puede hacer lo que quiera, cuando quiera y como quiera. ¡Qué gran consuelo es conocer la soberanía de Dios!

Cada uno de nosotros debe tener la curiosidad y el deseo interior de ir más allá de nuestras imágenes hasta llegar a nuestras realidades. Es difícil, a veces incluso doloroso, enfrentar la verdad sobre nuestras circunstancias y luego tener el valor de pedir lo mejor de Dios para nuestras vidas. Para que la oración tenga sentido, no puede ser ficticia. Debe nacer de los jadeos de un corazón que puede reconocer su necesidad. Si nos abstenemos de ventilar nuestros dilemas particulares con alguien más, al menos debemos ser lo suficientemente francos como para presentarnos ante Dios con un corazón sensible y una mente dispuesta a recibir "todo" que él prometió a "todos" en su Palabra.

Pero yo sé que aun ahora Dios te dará todo lo que le pidas (Juan 11:22).

Oración

Señor, que esta oración que hago en el santo nombre de Cristo Jesús sea verdadera y venga de lo más profundo de mi corazón. Es para mí un sincero placer darte toda la honra y la gloria que mereces. Te ofrezco mi corazón abierto y mi mente dispuesta a aceptar cualquier cosa que tengas reservada para mí, ya sea un dilema o una disciplina, riquezas o remanentes. Padre, gracias por amarme, yo también te amo.

Declaración

Me mantengo firme en el hecho de que puedo acudir directamente a Dios en oración, en cada circunstancia y cada situación.

De uno a otro

Yo sé todo lo que haces, que no eres ni frío ni caliente. ¡Cómo quisiera que fueras lo uno o lo otro!; pero ya que eres tibio, ni frío ni caliente, ¡te escupiré de mi boca! (Apocalipsis 3:15-16).

Me encanta rodearme de individuos que puedan avivar el fuego en mí. Algunas personas en el cuerpo de Cristo saben exactamente qué decir para encender el fuego en ti. Sin embargo, ¡nadie puede encender en ti lo que no posees! Si los fríos vientos de la oposición han avivado el fuego y tu sueño se está apagando, te desafío a reavivar el deseo de lograr cualquier cosa que Dios te haya llamado a hacer. No pierdas el fuego. Necesitas esa chispa de excelencia constante para superar toda la plaga del ostracismo.

El fuego se manifiesta de dos maneras. Primero, da luz. En segundo lugar, da calor. Todo hombre y mujer de Dios debe recordar también que el fuego necesita combustible. Así que alimenta el fuego. Aliméntalo con las palabras de las personas que te motivan. Nútrelo con visión y propósito. Cuando llegue el estrés, aviva las llamas. Reúne la madera. Vierte gasolina si es necesario, ¡pero no permitas que la llama muera!

A veces, el simple hecho de ver a Dios bendecir a otra persona te da la fortaleza para pedir la promesa que Dios te ha dado. No hablo de la envidia sino de una fuerte instigación a recibir algo. Observa la situación de Ana, la esposa de Elcana, en 1 Samuel 1. Ella quería tener un hijo. Para agitar a

Ana, Dios usó a una muchacha llamada Penina, que estaba casada con el mismo hombre pero que podía tener hijos. Cuanto más veía Ana que Penina daba a luz a sus hijos, más deseaba los suyos. Penina provocó a Ana; agitó las brasas de Ana. Hizo que Ana orara. No es que esta se pusiera celosa y no quisiera que Penina fuera bendecida. No le escatimó a la otra mujer su bendición. Ella solo quería la suya.

Si ver a otros ser bendecidos te hace querer sabotear su éxito, entonces no serás fructífero. He aprendido a regocijarme por las bendiciones de los demás y he aprendido que el mismo Dios que los bendice a ellos también puede bendecirme a mí. Las bendiciones de otras personas deberían desafiarte a ver que se puede lograr.

Oración

Oh Dios de las bendiciones, la abundancia y la provisión, haz que me humille para ver que no favoreces a unos por encima de otros; es decir, que no tienes favoritismos; que amas a todas las personas por igual. Es difícil para mí entender eso, pero sé que es verdad. Eres justo y recto con todos. Señor, elimina de mí todo rastro de celos para que pueda ver a los demás como los ves tú: miembros de tu familia, mis parientes. Esto te lo pido en el nombre de Jesús, amén.

Declaración

**Mi meta es amar a los demás y regocijarme
por las bendiciones que reciben porque
ese es el camino y la voluntad de Dios.**

La sangre de Jesús

*Pero si vivimos en la luz, así como él está en la luz,
tenemos comunión unos con otros y la sangre de su
Hijo Jesucristo nos limpia de todo pecado* (1 Juan 1:7).

La sangre es el único elemento del cuerpo que llega, afecta y alimenta todas las demás partes del organismo. Este rico elixir de color púrpura rojizo fluye silenciosamente a través del sistema cardiovascular como autos de alta potencia que se mueven por las autopistas interestatales. Lleva la carga de moléculas de oxígeno y nutrientes muy necesarios para mantener la vida en cada célula del cuerpo.

Si la sangre se restringe durante un tiempo suficiente en cualquier miembro del cuerpo, ese miembro se asfixiará internamente y comenzará a cambiar de color. Sus células asfixiadas pueden morir rápidamente, incluso sin que haya un agresor externo, porque su aflicción es resultado de una privación interna.

Cada miembro, cada elemento y cada órgano del cuerpo humano, necesita sangre. Además de su deber nutritivo de distribuir contenidos dietéticos solubles por todo el organismo, nuestra sangre tiene la responsabilidad adicional de funcionar como paramédico. Sus glóbulos blancos están listos para atacar a los intrusos adversos en forma de bacterias, células extrañas o cualquier otra sustancia ajena que pueda intentar alterar la vitalidad del cuerpo. Los glóbulos blancos constituyen la "milicia" del cuerpo. Estas células están equipadas de manera especial para combatir las bacterias atacantes y expulsarlas, despojándolas de su poder y robándoles su botín.

Así como nuestro cuerpo tiene muchas partes y cada parte tiene una función especial, así ocurre con el cuerpo de Cristo. Somos muchas partes de un cuerpo y todos nos pertenecemos unos a otros (Romanos 12:4-5 NTV).

El cuerpo físico ilustra el poder de la sangre en la Iglesia, el cuerpo místico de Cristo. Cada miembro del cuerpo de Cristo, independientemente de su moralidad, madurez o posición, necesita la vivificante sangre de Jesús. Sin esta, dejamos de tener la prueba de nuestro parentesco. ¿No es la sangre la que analizan los médicos para determinar y verificar quién es el padre de un niño? Sin la sangre, solo somos hijos bastardos camuflados como verdaderos herederos. ¡Sin su sangre, somos pseudoherederos que tratan de recibir las promesas reservadas para los hijos e hijas legítimos de Dios!

Oración

Mi oración hoy a ti, mi Señor y Salvador, es un canto llamado "Solo de Jesús la sangre", que expresa lo que sienten mi corazón y mi espíritu: "¿Qué me puede dar perdón? ¡Solo de Jesús la sangre! ¿Y un nuevo corazón? ¡Solo de Jesús la sangre! Precioso es el raudal, que limpia todo mal; no hay otro manantial. ¡Solo de Jesús la sangre!". Esta es toda mi esperanza y mi paz, esta es toda mi justicia: ¡Solo de Jesús la sangre! Y es en el nombre de la sangre de Jesús es que vengo a ti, mi amado Dios. Amén.

Declaración

A causa de que vivo en la luz de Dios y soy lavado por la sangre de Jesús, tengo una comunión genuina con otros creyentes.

Herencia eterna

Dios Padre los conocía y los eligió desde hace mucho tiempo, y su Espíritu los ha hecho santos. Como resultado, ustedes lo obedecieron y fueron limpiados por la sangre de Jesucristo. Que Dios les conceda cada vez más gracia y paz (1 Pedro 1:2 ntv).

No necesitamos la sangre de Jesús solo cuando clamamos a él para que entre en nuestros corazones por fe y nos rescate de un peligro inminente. Al contrario, incluso hoy necesitamos esa sangre. Toda nuestra fuerza, nuestro sustento así como cada promesa y cada milagro deben fluir hacia nosotros a través de esa sangre. Satanás odia la sangre de Cristo, ¡no solo porque con ella nos redimió, sino también porque continúa dándonos vida día tras día!

*Imagínense cuánto más la sangre de Cristo nos purificará la conciencia de acciones pecaminosas para que adoremos al Dios viviente. Pues por el poder del Espíritu eterno, Cristo se ofreció a sí mismo a Dios como sacrificio perfecto por nuestros pecados. Por eso él es el mediador de un nuevo pacto entre Dios y la gente, para que todos los que son llamados puedan **recibir la herencia eterna que Dios les ha prometido**. Pues Cristo murió para librarlos del castigo por los pecados que habían cometido bajo ese primer pacto* (Hebreos 9:14-15).

Hemos perdido nuestra enseñanza sobre la sangre en esta era de pentecostalismo (de la cual soy firmemente parte). Hemos aprendido acerca del Espíritu de Dios, pero no hemos enseñado a los creyentes todo lo referente a la sangre. En consecuencia, hemos producido una generación de creyentes que reciben el poder del Espíritu pero que no se sienten perdonados. Tienen poder, pero se sienten inseguros. Están operando con los dones, ¡pero viviendo en la culpa!

¡Oh, escúchame hoy! La sangre debe ser predicada. Sin ella no tenemos vida. No, la predicación de la sangre ¡no debilitará a la Iglesia! Al contrario, nos liberará de una deuda pagada por adelantado. ¿Por qué estamos desperdiciando el poder de Dios tratando con los problemas de nuestro pasado? ¡La sangre de Cristo ya ha destruido totalmente las ataduras del pasado que nos mantenían oprimidos! Fue a través del Espíritu eterno de Dios que Jesús pudo ofrecer su sangre. El Espíritu siempre nos remite a la sangre. ¡No puede haber Pentecostés donde no hay Pascua!

Oración

Gracias por la sangre de Jesús que cubre mis pecados y me proporciona fuerza y alimento. Gracias porque cada promesa y cada milagro que he recibido fluyeron hacia mí a través de su sangre, la cual continúa dándome vida. A ti, Señor Dios, te doy toda alabanza y toda gloria; te adoro con cada gota de sangre de mi cuerpo. Gracias por compartir a tu único Hijo con el mundo. Oro en su nombre, amén.

Declaración

Nunca olvidaré el sacrificio que Jesús
hizo cuando derramó su sangre por mí.

Provisión

Pues, si por el pecado de un solo hombre reinó la muerte, con mayor razón los que reciben en abundancia la gracia y el don de la justicia reinarán en vida por medio de uno solo, Jesucristo (Romanos 5:17).

Antes de que Adán pudiera recibir la cobertura que Dios le había proporcionado, tuvo que despojarse de lo que había ideado. Muchos creyentes quedan atrapados en este proceso. Adán se desnudó ante un Dios santo, admitió sus trágicos pecados y aun así mantuvo su posición de hijo en la presencia de Dios. Adán y Eva se dieron cuenta, en ese momento, de que la única solución para su pecado estaba en la perfecta provisión de su amoroso Dios. ¡Ese mismo Dios amante ahora se acerca a nosotros tal como somos y nos transforma en lo que deberíamos llegar a ser!

Adán estaba como yo, envuelto en la cálida piel de un holocausto recién sacrificado que le hizo posible seguir viviendo. En realidad, ya no era Adán el que vivía; más bien, ahora él tenía la vida del cordero inocente. ¡Así como el ingenuo cordero ocupó el lugar de Adán en la muerte, Adán continuó viviendo, rodeado por lo que implicaba la vida del cordero inmolado! ¿Puedes entender más claramente lo que Pablo quiere decir cuando afirma "aceptados en el Amado"? (ver Efesios 1:6). Si Adán hubiera sido visto sin aquellas pieles ensangrentadas que lo cubrían, no podría haber sido aceptado. ¡Pero debido al derramamiento de esa sangre inocente, hubo remisión de pecados para él!

No escuchamos más menciones de culpa o vergüenza de aquella primera familia mientras se alejaban del peor momento en la historia de la humanidad. ¿Por qué? Porque fueron cubiertos y protegidos con la provisión de Dios. No podemos encontrar más argumentos, críticas ni condenación en las Escrituras. No he leído que Adán culpara a Eva nuevamente. Eva tampoco juzgó a Adán, porque ambos se dieron cuenta de que si no hubiera sido por la sangre, ninguno de los dos habría estado allí.

Nosotros también necesitamos saber esto, cualesquiera sean las diferencias en nuestros defectos específicos, independientemente de a quién querríamos culpar o menospreciar. Si la sangre no hubiera sido eficaz para el mentiroso, entonces estaría tan perdido como el abusador de niños. Los síntomas son diferentes, pero la enfermedad y su pronóstico son los mismos. La enfermedad es el pecado, la paga o pronóstico es la muerte, y el antídoto prescrito es la sangre y solo la sangre de Jesús. Nunca olvides la sangre, ¡porque sin ella no tenemos ninguna Buena Nueva!

Oración

Padre celestial, gracias a la sangre de Jesús estoy cubierto y protegido por tu provisión. Me abstendré de discutir, criticar o condenar a otros, porque sé que si no hubiera sido por la sangre de Jesús, estaría tan perdido como aquellos que no lo conocen. Lléname con la audacia de los discípulos de Jesús para compartir la Buena Nueva con todos los que conozco y con aquellos a los que influencio. En el nombre de Jesús, amén.

Declaración

Elijo este día para que sea un gran y excelente ejemplo de la misericordia y la gracia de Dios.

Imposibilidades posibles

Muchos son, Señor, mis enemigos; muchos son los que se me oponen, y muchos los que de mí aseguran: "Dios no lo salvará". Pero tú, Señor, eres el escudo que me protege; tú eres mi gloria; tú mantienes en alto mi cabeza. Clamo al Señor a voz en cuello y desde su monte santo él me responde (Salmos 3:1-4).

David declara que el Señor es quien te sostiene en los tiempos peligrosos de lucha y guerra interior. Es la preciosa paz de Dios la que alivia tu tensión cuando intentas tomar decisiones frente a la crítica y el cinismo de otros. Cuando te das cuenta de que algunas personas no quieren que tengas éxito, la presión aumenta de manera drástica. Muchos han dicho: "Dios no lo librará". Sin embargo, que muchos lo digan todavía no convierte esa afirmación en algo cierto.

Creo que el lugar más seguro del mundo entero está en la voluntad de Dios. Si alineas tu plan con el propósito de él, ¡el éxito es inminente! Por otro lado, si no he tenido tanto éxito como me gustaría, entonces buscar el propósito de Dios inevitablemente ha de enriquecer mis recursos y hará alcanzable lo imposible.

Recuerdo cuando mi esposa y yo criábamos dos hijos (ahora tenemos cuatro). Eran tiempos difíciles y el dinero escaseaba. No soy el tipo de marido que se desentienden de las provisiones del Señor en su casa. Muchas fueron las noches que languidecí por las necesidades en nuestro hogar. Daba vueltas y vueltas, orando y preocupándome, inseguro de si íbamos a sobrevivir.

En tiempos como esos, Satanás siempre te muestra imágenes tuyas y con tus hijos envueltos en edredones sucios, acurrucados debajo de un puente con un calentador ardiendo a unos metros de distancia como única fuente de calor. El diablo es un sádico. Yo estaba casi agotado por el estrés tratando de mejorar nuestro nivel de vida. Oré o, más exactamente, me quejé ante Dios. Le expliqué que vivía más cerca de él que nunca y, sin embargo, sufríamos por no pagar las facturas de los servicios públicos y por la falta de alimentos.

Me preguntaba: *¿Dónde estás, Señor?* Yo era predicador y pastor. Todos los demás hombres de Dios parecían tener abundancia, pero yo vivía en tremenda necesidad. Sin embargo, estaba seguro de que si llegaba la tormenta y estaba en la voluntad de Dios, poco importaría lo demás.

Oración

Señor, acudo a ti para que me sostengas en tiempos de luchas y de guerras internas. Tu paz alivia mi tensión cuando tomo decisiones enfrentando las críticas y el cinismo. Cuando alineo mi plan con tu propósito, Padre, ¡el éxito es inminente! Por eso buscaré el propósito que has diseñado especialmente para mí, que inevitablemente enriquecerá mis recursos y hará alcanzable lo imposible. Gracias Jesús. Amén.

Declaración

**No importan las tormentas de la vida,
me mantendré fuerte porque estoy en el
lugar más seguro: la voluntad de Dios.**

Identidad

—Ya no me llamen Noemí —respondió ella—. Llámenme Mara, porque el Todopoderoso ha colmado mi vida de amargura. Me fui con las manos llenas, pero el Señor me ha hecho volver sin nada. ¿Por qué me llaman Noemí si me ha afligido el Señor, si me ha hecho desdichada el Todopoderoso? (Rut 1:20-21).

Es importante que enseñemos a las mujeres a prepararse para el invierno. Creo que la edad puede ser estresante para las damas en una manera en que no lo es para los hombres, solo porque históricamente no hemos reconocido a las féminas en otras etapas de sus vidas. Igualmente inquietante es el hecho de que los estadísticos nos digan que las mujeres tienden a tener vidas más largas y más productivas que sus contrapartes masculinos. No es su longevidad lo que preocupa; es el hecho de que muchas veces, a causa de la muerte prematura de su cónyuge, carecen de sentido de compañerismo.

La Biblia nos amonesta a ministrar a las viudas. Se dan pocas instrucciones con respecto al cuidado de los ancianos. Necesitamos invertir algún esfuerzo en animar a las mujeres mayores. Necesitan algo más que el simple suministro de sustancia natural. Muchas mujeres pasan su vida construyendo su identidad en torno a su rol más que a su persona. Cuando esa función cambia, se sienten algo desplazadas. Puesto que ser una buena madre es un trabajo abnegado, al disminuir esas exigencias, muchas mujeres se sienten como

Noemí. Su nombre significaba "mi alegría". Pero, después de perder a sus hijos y a su marido, dijo: "Cámbienme mi nombre por Mara", el cual significa "amargura".

No permitas que los nuevos tiempos modifiquen la persona que eres. Es peligroso perder tu identidad de acuerdo a tus circunstancias. Estas cambian y, cuando eso sucede, la mujer mayor puede sentirse vacía e insatisfecha. A pesar del ataque de Noemí contra la depresión, Dios todavía tenía mucho que aportar. Por tanto, el hecho de que las demandas hayan cambiado no significa que tu vida haya terminado. Redefine tu propósito, reúne tus activos, sigue viviendo y dando. Mientras puedas mantener tu valía, podrás resistir la mentalidad amarga, la de "Mara".

Oración

Dios todopoderoso, cuando llegue el momento de perder a un ser querido, por favor concédeme tu misericordia y tu gracia para identificarme como hijo tuyo y no simplemente como alguien que queda en soledad. Al tenerte a ti, tengo todo lo que necesito; mi valor está vinculado a lo que tú eres, no a lo que sienta en determinado momento. Lo más importante para mí es buscarte a ti y a tu reino, Señor, y todo lo demás me será añadido. Lo reclamo en el nombre de Jesús. Amén.

Declaración

Me resistiré a dejarme avasallar por la mentalidad de Mara y, en cambio, aceptaré lo que escribió Juan: que soy hijo de Dios.

Compañerismo

No digo esto porque esté necesitado, pues he aprendido a estar satisfecho en cualquier situación en que me encuentre (Filipenses 4:11).

Ser soltero y dedicado a Dios no significa que esté mal que desees que alguien te acompañe físicamente. Dios creó esa necesidad. Mientras esperas, sin embargo, comprende que Dios entiende que es tu Esposo. Así que ten cuidado en cuanto a cómo lo tratas. Él piensa que es tu hombre. Por eso te hace esos favores especiales. Dios te hizo una mujer hermosa. Él ha estado cuidando de ti, aun cuando no hayas notado su provisión. Él es la fuente de todo bien. Él mantiene todo funcionando y se ocupa de tu cuidado diario. Él es quien te abrió las puertas. Él ha sido tu ventaja, tu amigo y tu compañero.

Los casados buscan complacer a su cónyuge. Los solteros buscan agradar al Señor. Hay una relación especial de poder entre Dios y el creyente soltero. Pablo escribió: "Que cada uno permanezca en la condición en que estaba cuando Dios lo llamó" (1 Corintios 7:20). En otras palabras, la persona soltera debe permanecer en su soltería, no luchar contra ella. En vez de gastar todo nuestro esfuerzo tratando de cambiar nuestra posición, debemos aprender a desarrollar la posición en la que él nos ha colocado. ¿No es eso lo que esto significa? "No digo esto porque esté necesitado, pues he aprendido a estar satisfecho en cualquier situación en que me encuentre" (Filipenses 4:11). Así que te hablo de paz.

Quizás no hayas vivido como deberías. Quizás tu hogar no haya sido la casa de oración que realmente podría haber sido. Quiero que aproveches esta oportunidad y comiences a santificar tu casa y tu cuerpo. Tal vez tu cuerpo haya sido mutilado y manoseado por todo tipo de personas. Quiero que santifiques tu cuerpo para el Señor y que lo entregues como sacrificio vivo a Dios (ver Romanos 12:1). Si no puedes cumplir tu voto a Dios, nunca podrás cumplir cualquier voto que hagas a otra persona. Así que entrega tu cuerpo a Dios y santifícate.

Oración

Querido Esposo, me doy cuenta de que, en última instancia, tú eres el único enfoque que necesito en mi vida, porque tú eres el Dador de todo bien, lo que incluye a un cónyuge o no. Dame la fuerza y la paz para estar contento en la vida, cualquiera que sea la circunstancia en la que me encuentre hoy y en todos mis días. En el santo nombre de Jesús te lo pido, amén.

Declaración

Encuentro contentamiento en el abrazo amoroso de mi Señor y Salvador, Jesucristo.

El pan nuestro de cada día

Vosotros, pues, oraréis así: Padre nuestro que estás en los cielos, santificado sea tu nombre. Venga tu reino. Hágase tu voluntad, como en el cielo, así también en la tierra. El pan nuestro de cada día, dánoslo hoy. Y perdónanos nuestras deudas, como también nosotros perdonamos a nuestros deudores. Y no nos metas en tentación, mas líbranos del mal (Mateo 6:9-13).

La expresión "venga tu reino" desata el derramamiento del poder de Dios. La alabanza hará que el mismo poder de Dios descienda sobre tu vida. Pero ¿de qué sirve el poder si careces de propósito? Jesús enseñó a los discípulos de la manera siguiente: "*Hágase tu voluntad, como en el cielo, así también en la tierra*". Esto tiene que ver con el paso del poder al propósito. Ahora el propósito de Dios desciende a tu vida. ¡No puedes tener éxito si no posees un propósito!

"*El pan nuestro de cada día, dánoslo hoy*" trata de las provisiones que vienen del cielo. Esto es más que una oración; es una instrucción divina. Después de recibir el poder en tu vida, llegas a comprender el propósito. Nunca temas; si conoces tu propósito, Dios liberará las provisiones que necesites. No hay nada como esas provisiones para darte la gracia de perdonar. Es más fácil perdonar cuando descubres que tus enemigos no impidieron que la bendición fluyera. Aquí Jesús enseña a sus discípulos a orar por la penitencia de un corazón que perdona.

"*Perdónanos nuestras deudas, como también nosotros perdonamos a nuestros deudores*". Finalmente, Jesús nos enseñó a buscar la liberación del mal. ¡Ora por los problemas que aún existen en cada etapa y, mejor aún, en cada éxito de la vida! Debe haber un punto de inflexión en la vida de cada persona. En esta etapa de la vida, comienzas a reevaluar lo que llamas éxito.

Dios obtiene la gloria cuando puede darte cualquier cosa, y tú puedes apartarte de todo lo que él te dio y aun así decir desde tu corazón: "Señor, no he encontrado nada tan querido para mí como tú. Mi mayor tesoro es la seguridad de tu divina presencia en mi vida. Te lo entrego todo".

Oración

Cuando Jesús les dio a sus discípulos la oración modelo, ¡qué gran bendición constituyó eso para millones, incluso miles de millones, de personas en todo el mundo! Aun desde que pronunció esas palabras por primera vez. Solo puedo imaginar, Padre, que sonríes cada vez que escuchas a uno de tus hijos terrenales repetir esa oración. He aprendido mucho sobre ti y tu Hijo en tu Libro; gracias por tu Palabra. En el nombre de Jesús, te lo agradezco, amén.

Declaración

**Santifico tu nombre, Padre, y haré
mi parte para traer tu reino a la
tierra como es en el cielo.**

Sanidad

*Él fue traspasado por nuestras rebeliones y
molido por nuestras iniquidades. Sobre él recayó
el castigo, precio de nuestra paz y gracias a
sus heridas fuimos sanados (Isaías 53:5).*

*Él mismo, en su cuerpo, llevó al madero
nuestros pecados, para que muramos al pecado
y vivamos para la justicia. Por sus heridas
ustedes han sido sanados (1 Pedro 2:24)*

La gratitud y el elogio son contagiosos. Aunque la Biblia no
lo dice en forma específica, me imagino que aquellos que
vieron lo que estaba sucediendo el día que Jesús sanó a la
mujer enferma también quedaron atrapados en medio de
la alabanza.

> *Cuando Jesús la vio, la llamó y dijo: "¡Mujer, que-
> das libre de tu enfermedad!". Al mismo tiempo,
> puso las manos sobre ella; al instante la mujer
> se enderezó y empezó a alabar a Dios ... Cuando
> razonó así, quedaron humillados todos sus adver-
> sarios, pero la gente estaba encantada de tantas
> maravillas que él hacía (Lucas 13:12-13, 17).*

La Iglesia también debe encontrar espacio para unirse
en alabanza cuando los quebrantados se sanen. Los que
se perdieron la gran bendición de ese día fueron los que

decidieron discutir sobre religión. La Biblia describe el cielo como un lugar donde los ángeles se regocijan por un pecador que llega a la fe y se arrepiente.

> *Les digo que así mismo se alegran los ánge-les de Dios por un pecador que se arrepiente* (Lucas 15:10).

Se alegran porque Jesús sana a los que están quebran-tados.

De la misma manera, el pueblo de Dios debe regocijarse cuando los que tienen el corazón quebrantado y los heridos emocionalmente acuden a él.

> *El Espíritu del Señor está sobre mí, por cuanto me ha ungido para anunciar buenas noticias a los pobres. Me ha enviado a proclamar libertad a los cautivos y dar vista a los ciegos, a poner en libertad a los oprimidos* (Lucas 4:18).

Cristo desató poder en la mujer enferma ese día. Sanó su cuerpo y le dio la fuerza de carácter para mantener una actitud adecuada. Todos los que hoy están destrozados y heridos encontrarán el poder desatado en su interior cuan-do respondan al llamado y lleven sus heridas ante el Gran Médico.

Oración

Te ofrezco a ti, Gran Médico, mi más humilde y sincera gratitud por las sanidades con las que me has ben-decido a lo largo de los años. Desde un rasguño que se cura solo hasta la angustia que inevitablemente surge de los golpes y moretones de la vida, nunca has dejado de brindarme consuelo y recuperación. Eres grande y muy digno de elogio. En el nombre de Jesús te lo agradezco, amén.

Declaración

Creo en el Hacedor de milagros que sanó ayer, que sana hoy y sana cada mañana.

Regalos buenos y perfectos

Todo lo que es bueno y perfecto es un regalo
que desciende a nosotros de parte de Dios
nuestro Padre, quien creó todas las luces de
los cielos. Él nunca cambia ni varía como una
sombra en movimiento (Santiago 1:17 NTV).

Jesús sanó a diez leprosos y solo uno volvió a él (ver Lucas 17:11-19). Cuando este llegó a Jesús, se postró a sus pies y lo adoró. Entonces Jesús hizo una pregunta. Es raro que Jesús, el Omnisciente, preguntara algo, pero esta vez tenía una interrogación. Nunca olvidaré la agudeza de su interpelación. Al que regresó le preguntó: "¿Dónde están los otros nueve?".

Quizás tú seas uno de cada diez que tiene el discernimiento para saber que esta bendición no es nada sin aquel que hizo que todo sucediera. ¡La mayoría de las personas están tan preocupadas por sus necesidades inmediatas que no aprovechan la poderosa experiencia que surge de una relación continua con Dios! Esto es para la persona que regresa al Remitente de los regalos con el poder de la alabanza.

Diez hombres fueron sanados, pero al que regresó Jesús le añadió el privilegio de estar sano. Muchos ascenderán en la escala empresarial. Algunos reclamarán los elogios de este mundo. Pero pronto todos se darán cuenta de que el éxito, incluso con todo su glamour, no puede curar un alma reseca que necesita el refrigerio de un cambio de ritmo. Nada puede traer plenitud como la presencia de un Dios que permanece en el camino donde te bendijo por primera vez para ver si hay algo en ti que te haga regresar de lo temporal para abrazar lo eterno.

Recuerda, la curación se puede encontrar en cualquier lugar, pero la plenitud se logra solo cuando regresas al Remitente con todo tu corazón y le agradeces por el milagro de una segunda oportunidad. Hagas lo que hagas, no olvides tus raíces. Cuando no puedas ir a ningún otro lado, amigo mío, ¡recuerda que puedes irte a casa!

Oración

Jesús, mi Salvador, oro para ser yo quien siempre regrese para agradecerte por todo lo que haces por mí: por mi buena salud, mi familia, mis amigos, mi empleo, el aire que respiro y el agua que me nutre. pero —especialmente— por el sacrificio que hiciste en la cruz para darme salvación. ¡Gracias!

Declaración

Declaro y creo que Jesús es el Hijo de Dios y que reina por siempre en el cielo.

Vida

El que va tras la justicia y el amor halla
vida, justicia y honra (Proverbios 21:21).

Espero que puedas identificarte con la bendición que es estar vivo, poder sentir, poder saborear la vida. Lleva el vaso a tu boca y bebe profundamente de la vida; es un privilegio sentir cada gota que brota de una relación con alguien. No es perfecta; como una chaqueta de cuero fino, pero algún detalle destaca su singularidad. Estoy seguro de que la tuya, como la mía, es una mezcla de días buenos, días tristes y todos los desafíos de la vida.

> *Pero tú, Timoteo, eres un hombre de Dios; así que*
> *huye de todas esas maldades. Persigue la justicia*
> *y la vida sujeta a Dios, junto con la fe, el amor, la*
> *perseverancia y la amabilidad (1 Timoteo 6:11 ntv).*

Espero que hayas aprendido que una relación verdaderamente buena es como una comida picante servida en una mesa inestable, llena de sueños, dolores y momentos tiernos. Momentos que, en fracciones de segundo, te hacen sonreír como en secreto, en pleno día. Momentos tan fuertes que nunca mueren, pero que son tan frágiles que desaparecen como las burbujas en un vaso. No importa si tienes algo que envidiar o algo que desarrollar; si puedes mirar atrás y captar unos momentos, o rastrear una sonrisa hasta un recuerdo, ¡eres bendecido! ¡Podrías haber estado en cualquier lugar haciendo cualquier cosa, pero en vez de eso, el maestresala te ha sentado en una mesa de honor para dos!

Al contrario, debe recibir huéspedes en su casa con agrado y amar lo que es bueno. Debe vivir sabiamente y ser justo. Tiene que llevar una vida de devoción y disciplina (Tito 1:8 NTV).

Vengan a mí con los oídos bien abiertos. Escuchen, y encontrarán vida. Haré un pacto eterno con ustedes. Les daré el amor inagotable que le prometí a David (Isaías 55:3 NTV).

Oración

Santo Dador de la vida, desde que infundiste tu aliento en el primer Adán hasta hoy, cuando infundes vida en cada bebé que nace, estás confirmando cuánto amas a cada niño que creas. Que yo tenga la misma compasión por aquellos con quienes vivo, trabajo y juego. Concédeme la alegría de vivir que tuvo David cuando bailó en las calles y que tuvo María cuando miró por primera vez el rostro del Niño Jesús. En el nombre de ese Niño oro, amén.

Declaración

¡Elijo la vida!

Algo mejor

La mujer dejó su cántaro, volvió al pueblo y decía a la gente: —Vengan a ver a un hombre que me ha dicho todo lo que he hecho. ¿No será este el Cristo? Salieron del pueblo y fueron a ver a Jesús ... Muchos de los samaritanos que vivían en aquel pueblo creyeron en él por el testimonio que daba la mujer: "Me ha dicho todo lo que he hecho". Así que cuando los samaritanos fueron a su encuentro le insistieron en que se quedara con ellos. Jesús permaneció allí dos días y muchos más llegaron a creer por lo que él mismo decía. —Ya no creemos solo por lo que tú dijiste —decían a la mujer—; ahora lo hemos oído nosotros mismos y sabemos que verdaderamente este es el Salvador del mundo (Juan 4:28-30, 39-42).

Esta mujer ni siquiera volvió a casa. Corrió en dirección a la ciudad y les dijo a todos que vinieran a ver al Hombre que le había contado su vida. Te haces un flaco favor hasta que realmente llegas a conocer a Jesús. Él satisface. ¿Todos los demás? Bueno, ellos pacifican, pero Jesús satisface. Él puede satisfacer cada necesidad y cada anhelo. Él sana todo dolor y toda aflicción. Además, quita cada carga y cada problema en tu vida.

Ya has tenido suficiente tragedia. Ya has estado presionado demasiado tiempo. Dios hará algo bueno en ti. Dios te mantuvo viviendo todos esos años de enfermedad porque tenía algo más grande para ti que lo que experimentaste. Dios te guardó porque tiene algo mejor para ti.

Es posible que hayas sido abusado y maltratado. Quizás todos aquellos en quienes confiabas se volvieron contra ti y te rompieron el corazón. Aun así Dios te ha sostenido. No lo lograste porque eras fuerte. No lo lograste porque fueras inteligente. No lo lograste porque fueras sabio. Lo lograste porque la asombrosa gracia de Dios te guardó y te sostuvo. Dios tiene más para ti hoy que lo que pasaste ayer. No te rindas. No te desesperes. Espera. ¡La bendición está en camino!

Oración

Querido Dios, lleno de gracia y misericordia, gracias por el ejemplo de la mujer samaritana que se emocionó tanto por haber conocido al Señor Jesús que corrió a contarles a todos los que quisieran escuchar acerca de ese Hombre. Ella lo presentó a Dios sabe cuántos ese día, y en los días siguientes, la historia de su presencia se difundió. Señor, que yo también pueda compartirte a ti y a tu Hijo con los demás hoy y todos los días, con la ayuda del Espíritu Santo. En el nombre de Jesús lo pido, amén.

Declaración

**¡Correré y proclamaré las
buenas nuevas de Dios!**

El favor de Dios

¿Por qué estás tan enojado? —preguntó el Señor a Caín—. ¿Por qué te ves tan decaído? Serás aceptado si haces lo correcto, pero si te niegas a hacer lo correcto, entonces, ¡ten cuidado! El pecado está a la puerta, al acecho y ansioso por controlarte; pero tú debes dominarlo y ser su amo (Génesis 4:6-7 NTV).

Algunas personas se ofenden por lo que Dios hace por ti. A esas personas las llamo "hijos de Caín". Los hijos de Caín, al igual que su padre, querrán asesinarte porque tienes el favor de Dios. Cuidado con ellos. No se alegrarán contigo. No pueden alegrarse por ti porque, de algún modo, sienten que tu éxito se produjo a sus expensas. Creen tontamente que tienes su bendición. Ninguna diplomacia puede calmar un corazón celoso. No quieren pagar lo que tú pagaste, pero quieren tener lo que tú tienes.

Es sorprendente las relaciones que se pueden perder a medida que uno se desplaza hacia arriba. Mientras estés en la época de los pequeños comienzos, eres aceptable. Sin embargo, si aceleras hacia nuevas dimensiones, el cinismo carcome las fibras de sus conversaciones y sus corazones. Tu enemigo no te herirá porque esté demasiado lejos. ¡Para ser un buen Judas, debe estar en la mesa con la víctima de su traición!

¿Quién se sienta en tu mesa? Imaginemos a Jesús, en la cima de su carrera ministerial, sentado a la mesa con Juan, el amado, a un lado y Judas, el traidor, al otro. El problema está en discernir cuál es cuál. Uno de ellos está lo suficiente-mente cerca como para apoyar su cabeza sobre tu pecho. El otro tiene suficiente acceso a ti para traicionarte con un beso. Ambos son íntimos, pero uno es letal.

Mantén tus afectos en el Dador y no en los regalos. "Señor, ayúdanos a mantener la vista fija en lo que no cambiará". ¿Cuántas veces has orado por una bendición? Luego, cuando la recibes, ¿te das cuenta de que había condiciones que origi-nalmente no consideraste? Para ser honesto, ser bendecido es un trabajo duro. Todo lo que Dios te da requiere manteni-miento. Dios le dio al hombre el jardín, pero el hombre tenía que cuidarlo. Hay un lado "desfavorable" en cada bendición. Por eso Jesús dijo: "Pero no empieces hasta que cuentes el costo. ¿Quién comenzaría la construcción de un edificio sin antes calcular el costo para ver si hay suficiente dinero para terminarlo? (Lucas 14:28 NTV). Debes preguntarte si estás dispuesto a pagar el precio para obtener la bendición.

Oración

Padre celestial, consciente de que cada bendición implica la responsabilidad de atenderla, contaré el costo antes de pedirla; mejor aún, pediré solo si creo que es tu voluntad para mí. En el nombre de Jesús te pido discernimiento, Señor. Amén.

Declaración

Buscaré el favor de Dios, haré lo correcto y desecharé el pecado que pueda estar a mi puerta.

Firmeza

Porque los celos desatan la furia del esposo y este no perdonará en el día de la venganza. No aceptará nada en desagravio ni se contentará con muchos regalos (Proverbios 6:34-35).

Querido amigo, por muy doloroso que sea ser criticado por aquellos con quienes tienes un pacto, es mucho peor abandonar el rumbo que Dios tiene para ti solo por buscar la aceptación de ellos. En resumen, por mucho que necesites que te afirmen y te comprendan, en algún momento debes preguntarte: "¿Cuánto estoy dispuesto a perder para ser aceptado?". A decir verdad, la gente no siempre quiere verte salir adelante, sobre todo si perciben que te mueves más rápido que ellos.

¿Podrás soportar la presión que ejercerán sobre ti para que aminores la velocidad? ¿O serás como Nehemías, que dijo: *"Estoy ocupado en una gran obra y no puedo ir"* (Nehemías 6:3)? La exaltación puede costarte cierto grado de aceptación y retribuirte con aislamiento. De hecho, Dios puede estar preparándote ahora mismo para que alcance un nuevo nivel al exponerte a la oposición y la crítica. Puede que él esté fortaleciendo tu inmunidad para que, cuando llegue la mayor bendición, no te quebrantes.

Las personas exitosas tienden a ser apasionadas. Son individuos que tienen un deseo intenso. Admito que hay muchos entusiastas que no tienen éxito. Pero no dije que las personas apasionadas lo tengan. Dije que las personas exitosas tienden a ser apasionadas. Puedes ser apasionado y no tener éxito. La pasión, básicamente, es poder puro. Si no se aprovecha y se centra en un objetivo, se convierte en una fuerza bruta. Pero si puedes concentrar la pasión en un propósito divino, saldrás triunfador. Algunas personas nunca usan su deseo de manera positiva.

En vez de aprovechar la pasión y permitir que se transforme en la fuerza que utilicen para superar los obstáculos, la convierten en una fuente de frustración y cinismo. El éxito solo le llega a la persona que está comprometida con una causa o tiene pasión por lograr el objetivo de esa causa. Básicamente, el meollo de la cuestión es: "¿Cuánto deseas ser bendecido?".

Oración

En el nombre de Jesús, Señor, acudo a ti con una petición: que me uses dónde y cuándo me necesites. Que me apasione lo que quieres lograr a través de mí. Que pueda ser lo suficientemente apasionado como para alejar el cinismo y la crítica inmerecidos para centrarme en la vida que ideaste que yo viviera.

Declaración

**¡Permaneceré firme en la búsqueda
de la bendición de Dios!**

Vindicación

*En cambio, renunció a sus privilegios divinos;
adoptó la humilde posición de un esclavo y
nació como un ser humano. Cuando apareció
en forma de hombre* (Filipenses 2:7 NTV).

*"No tengas miedo, María; Dios te ha concedido
su favor —le dijo el ángel—. Quedarás
embarazada y darás a luz un hijo, y le
pondrás por nombre Jesús"* (Lucas 1:30-31).

María, la madre de Jesús, tuvo el bebé, pero el ángel fue enviado por el Padre para darle el nombre. Ella no podía asignarle el nombre adecuado porque no entendía completamente el destino de él. No permitas que personas que no entienden tu destino te den nombre. Es probable que también susurraran que Jesús era el hijo ilegítimo de José. Quizás haya habido algún rumor brusco sobre ti también. Los rumores manchan la reputación y difaman el carácter de muchos inocentes. Sin embargo, nadie vivió con mejor carácter moral que Jesús y, aun así, atacaron su reputación. Solo asegúrate de que los rumores sean falsos o del pasado y sigue viviendo. A menudo digo: "No puedes ayudar donde estuviste, pero puedes ayudar donde vas".

*En esos días llegó Jesús desde Nazaret de Galilea
y fue bautizado por Juan en el Jordán. Enseguida,
al subir del agua, Jesús vio que el cielo se abría y*

que el Espíritu bajaba sobre él como una paloma.
También se oyó una voz que desde el cielo decía:
"Tú eres mi Hijo amado; estoy muy complacido
contigo" (Marcos 1:9-11).

En el frío río Jordán, con barro entre los dedos de los pies de Jesús, la voz del Padre declaró la identidad de Cristo. Su ministerio no podía comenzar hasta que el Padre le impusiera las manos apoyándolo en medio de la multitud. Es muy importante que nosotros, como hijos de Dios, recibamos la bendición de nuestros padres espirituales. Conozco innumerables predicadores que huyeron de sus hogares espirituales sin las bendiciones de sus padres e, incluso después de muchos años, todavía están sumidos en la confusión. Si Jesús necesitaba la bendición de su Padre, ¿cuánto más tú y yo? No debemos buscar respaldarnos a nosotros mismos.

Oración

Aunque intentaron manchar la reputación de tu Hijo inocente y sin pecado, además de difamar su carácter, nadie vivió dio mejor ejemplo moral que Jesús, y aun así lo agredieron. ¡Todavía lo hacen! Descendiste como una paloma para vindicarlo después de su bautismo, y ante una multitud que contaría lo que presenciaron. Tú, Dios, también eres mi Abogado, gracias. En el nombre de Jesús, amén.

Declaración

No puedo arreglar el mal que he hecho,
pero he de seguir viviendo solo para Cristo.

Dios provee

*A los ricos de este mundo, mándales que no sean
arrogantes ni pongan su esperanza en las riquezas, que
son tan inseguras, sino en Dios. Él nos provee de todo en
abundancia para que lo disfrutemos* (1 Timoteo 6:17).

Satanás no puede objetar nuestro servicio a Dios, pero desafía
nuestra razón para servirle. Dice que es por la prominencia
y la protección que Dios nos brinda. Además insinúa que
si las cosas no fueran tan bien, no alabaríamos a Dios con
tanto fervor. ¡El diablo es un mentiroso!

Todos, de una forma u otra, enfrentaremos momentos en
los que debemos responder a las acusaciones de Satanás
y demostrar que, incluso en la tormenta, ¡Dios sigue siendo
Dios! Esos primeros tiempos de desafío pusieron a prueba
todo lo que había en mí. Mi orgullo, mi autoestima y mi
confianza en mí mismo se tambaleaban como un niño que
aprende a andar en bicicleta. Mi mayor temor era que eso
nunca terminara. Temía que, como una persona atrapada en
un ascensor, pasaría el resto de mi vida entre pisos, ni aquí
ni allá, en una etapa intermedia de transición.

Me sentí como si tuviera el hombro dislocado y dolorido.
Sin embargo, aprendí que si puedes recordar tus comienzos
y aun así alcanzar tus metas, Dios te bendecirá con cosas sin
temor a que ellas se conviertan en ídolos para ti. Curiosamen-
te, hay una gloria en la agonía de los primeros años que las
personas que no tuvieron que luchar parecen no poseer. Hay
una extraña sensación de competencia que surge de haber

nacido bajo las llamas de la lucha. ¡Cuán exuberantes son los primeros pasos del niño que antes solo podía moverse arrastrándose sobre manos y rodillas!

El que habla, hágalo como quien expresa las palabras mismas de Dios; el que presta algún servicio, hágalo con la fortaleza que Dios le proporciona. Así Dios será en todo alabado por medio de Jesucristo, a quien sea la gloria y el poder por los siglos de los siglos. Amén (1 Pedro 4:11).

Oración

Mi Dios proveedor, mi Jehová Jireh, tú me proporcionas todo lo que necesito; por lo que te agradezco inmensamente. Lo siento si doy por merecidas o no aprecio todas tus abundantes bendiciones. Perdóname. Tu magnífica provisión nunca debe ser descartada; más bien, cada bendición debe aceptarse con la mayor gratitud. Perdóname, Señor. En el nombre de Jesús te lo pido, amén.

Declaración

¡Doy gracias a Dios por su generosidad y su fidelidad!

Madurez

De este modo, todos llegaremos a la unidad de la fe y del conocimiento del Hijo de Dios, a una humanidad perfecta que se conforme a la plena estatura de Cristo (Efesios 4:13).

Muchos malentienden las profecías del Señor, por lo que sienten descontento y desesperación. El hecho de que Dios prometa actuar en tu vida y te unja para realizar una función particular no significa que tus cimientos se construirán de inmediato. Inmediatamente después de que David fue ungido para liderar a Israel, fue enviado de regreso al campo para alimentar a las ovejas. José recibió un sueño del Señor que lo mostraba gobernando y reinando sobre sus hermanos, pero en el siguiente evento, sus hermanos lo desnudaron, lo golpearon y lo arrojaron a un hoyo.

¿Te imaginas lo que el diablo le dijo a José mientras trataba sus rasguños y sus moretones en el oscuro agujero de los pequeños comienzos? Agobiado por las dolencias y las cicatrices, escuchó el sonido de la depresión que recorría su cabeza palpitante y que sonaba como los tambores de un guerrero africano. La risa de Satanás llenó los canales oscuros de aquel agujero con su malvada histeria. Es probable que le dijera: "Entonces ibas a reinar, ¿verdad? Pensé que el sueño decía que tú tenías el control", y no dejara de burlarse de él. Satanás no entendió que todas las grandes profecías comienzan siendo pequeñas.

Imagínate que algo pequeño y aparentemente insignificante puede transformarse y crecer hasta convertirse en algo grande y fuerte. Dios no ha cambiado de opinión. Sus métodos pueden parecer toscos, pero su propósito es brindar un éxito maravilloso. ¡No mueras en el hoyo! Dios no ha cambiado de parecer. Como maestro constructor que es, dedica más tiempo a hacer una base más sólida y profunda.

Cuando el primer Adán fue creado, fue hecho en plena madurez. No tuvo niñez, ni pequeñas cosas. Fue creado hecho ya un hombre. Pero cuando llegó el momento del último Adán (Jesús), Dios no lo creó completamente adulto. No, se tomó su tiempo y puso los cimientos. Nació en calidad de niño y fue acostado en un pesebre. El Administrador del universo fue acostado en un pesebre. "Porque un niño nos es nacido, hijo nos es dado" (Isaías 9:6). La Biblia dice que creció en favor de Dios y de los hombres (ver Lucas 2:52). No demasiado rápido, pero creció. Por favor, tómate el tiempo necesario para madurar.

Oración

Tú eres el Maestro Constructor y confío en que trabajarás para construir mi vida según lo que diseñaste. Al aprender de la gente de la Biblia, me doy cuenta de que se necesita tiempo para madurar en tu voluntad y vivir de acuerdo con tu plan perfecto. Dame paciencia, Señor, para permanecer decidido en mi camino de fe. En el nombre de Jesús, amén.

Declaración

Creo que a medida que madure, el propósito de Dios ha de brindarme un éxito maravilloso.

Amistades

*Cuando nos encontremos, quiero alentarlos en
la fe pero también me gustaría recibir aliento
de la fe de ustedes (Romanos 1:12 ntv).*

*Tiempo después murió Elimelec, y Noemí quedó
sola con sus dos hijos. Ellos se casaron con mujeres
moabitas. Uno se casó con una mujer llamada
Orfa y el otro con una mujer llamada Rut.
Pero unos diez años después murieron tanto Mahlón
como Quelión. Entonces, Noemí quedó sola,
sin sus dos hijos y sin su esposo (Rut 1:3-5 ntv).*

Rut era la nuera de Noemí. Esta pensó que la única relación
que tenía era su hijo, ahora muerto. Muchas veces nosotros,
que hemos sido muy familiares, no entendemos las amistades. Cuando las circunstancias familiares cambian, caemos
en el aislamiento porque no sabemos nada de otras relaciones. *"El hombre que tiene amigos debe ser amigable, pero
hay amigo más unido que un hermano"* (Proverbios 18:24).

Hay vínculos que son más fuertes que la sangre. ¡Son lazos
divinos! Cuando Dios trae a alguien a nuestra vida, él es el
Agente vinculante. Rut dijo: "Tu Dios será mi Dios". Dios quería
que Noemí viera el esplendor de las relaciones tardías, el
gozo de pasar el bastón de su sabiduría y fortaleza a alguien
digno de su atención.

Dejemos que Dios elija a esa persona para nosotros porque con demasiada frecuencia elegimos basados en los vínculos carnales y no en los piadosos. He notado en las Escrituras que las relaciones femeninas más fuertes tienden a ejemplificarse entre mujeres mayores y más jóvenes. Ciertamente no estoy sugiriendo que así será siempre. Rut habría muerto en Moab, probablemente casándose con algún idólatra pagano, si no hubiera sido por la sabiduría de Noemí, una mujer mayor y más experimentada.

Noemí sabía cómo brindar orientación sin manipulación, una fortaleza que muchas mujeres en esa etapa de la vida no tienen. Rut fue, por supuesto, una de las bisabuelas del linaje de Jesucristo. Tenía grandeza en ella y Dios usó a Noemí para cultivarla. Tal vez Noemí se habría llamado Mara, y quizás habría terminado muriendo con amargura en vez de conmover a otras personas, si no hubiera sido por Rut.

Oración

Querido Dios, estoy dispuesto a dar la bienvenida a más amigos. Espero con ansias a aquellos que coloques en mi camino y que puedan animarme así como yo a ellos. Los amigos son tu regalo; en los últimos años, algunos han sido a largo plazo y otros han entrado y salido flotando de mi vida. Dependo de ti para traer personas que se mantengan cerca de mí y de ti. Te lo ruego en el precioso nombre de tu Hijo, mi Amigo, amén.

Declaración

Seré amigable para atraer a los amigos que Dios tiene para mí.

Guía

A los jóvenes, exhórtalos a ser sensatos. Con tus buenas obras, dales tú mismo ejemplo en todo. Cuando enseñes, hazlo con integridad y seriedad (Tito 2:6-7).

Dios te dará todo lo que pidas (ver Juan 14:13). Dios te dará un negocio. Dios te dará un sueño. Él te pondrá por cabeza y no por cola (ver Deuteronomio 28:13). El poder de Dios pone todas las cosas bajo tus pies. Créelo por tu hogar. Dios librará. No necesitas a nadie. Tienes a Jehová Jireh, el mejor Proveedor que este mundo jamás haya conocido.

"Todos ustedes son hijos de Dios mediante la fe en Cristo Jesús" (Gálatas 3:26). Las mujeres son tan hijas de Dios como los hombres. Todo lo que Dios hará por un hombre, lo hará por una mujer. No estás en desventaja. Puedes obtener una herencia como cualquier hombre. Los hombres, casi nunca, lloran por estar solteros: simplemente siguen con su vida y se mantienen ocupados. No hay ninguna razón por la que una mujer no pueda estar completa en Dios sin un marido.

Si decides casarte, debes hacerlo por las razones correctas. No cedas ante un espíritu desesperado que te obliga a aguantar a alguien menos de lo que quieres. Podrías quedarte atrapada con un hombre inmaduro y luego dar a luz a tres niños pequeños. Entonces tendrías cuatro niños. Esa no es manera de vivir.

Necesitas a alguien que tenga hombros y columna vertebral. Necesitas casarte con alguien que te sostenga, te ayude, te fortalezca, te edifique y esté contigo cuando las tormentas de la vida azoten. Si quieres un hombre lindo, compra una fotografía. Si quieres ayuda, cásate con un hombre piadoso.

Pero tú, Timoteo, eres un hombre de Dios; así que huye de todas esas maldades. Persigue la justicia y la vida sujeta a Dios, junto con la fe, el amor, la perseverancia y la amabilidad (1 Timoteo 6:11 NTV).

Oración

Todopoderoso, acudo a ti para que me guíes en todas las áreas de mi vida, consciente de que conoces mi final desde el principio. Guíame por tu camino perfecto que me lleva a una vida abundante llena de bendiciones ilimitadas. En el nombre de Jesús te lo ruego, amén.

Declaración

**¡Reclamo el favor de Dios para
mi familia y para mí!**

Su abrazo

Cierto día, algunos padres llevaron a sus niños a Jesús para que los tocara y los bendijera, pero los discípulos regañaron a los padres por molestarlo. Cuando Jesús vio lo que sucedía, se enojó con sus discípulos y les dijo: "Dejen que los niños vengan a mí. ¡No los detengan! Pues el reino de Dios pertenece a los que son como estos niños. Les digo la verdad, el que no reciba el reino de Dios como un niño nunca entrará en él". Entonces tomó a los niños en sus brazos y después de poner sus manos sobre la cabeza de ellos, los bendijo (Marcos 10:13-16 NTV).

¿Qué les pasó a esos discípulos que se enojaron con los padres que dirigían a sus hijos hacia la única Respuesta que podrían haber visto en su vida? Jesús les dijo a aquellos pequeños que se acercaran a él y dejó de exponer su mensaje para cumplir su misión.

Imagínate aquellas pequeñas manos extendidas, esos pequeños rostros vueltos hacia arriba, pequeñas figuras posadas como gorriones en aquellas sacras rodillas. Acudieron a recibir un toque, pero Cristo siempre nos da más de lo que esperamos. Los sostuvo con sus brazos amorosos. Los tocó con sus manos sensibles. Pero, sobre todo, ¡los bendijo con su corazón compasivo! Me preocupa que mantengamos nuestra compasión. ¿Cómo podemos estar en presencia de un Dios amoroso y no amar a los pequeños?

Cuando Jesús bendijo a los niños, a la vez, desafió a los adultos a ser como esos pequeños. Ah, volver a ser como un niño, permitirnos el lujo de tener una relación con Dios que podríamos haber perdido cuando éramos niños. A veces, muy a menudo, necesitamos permitir que el Señor ajuste los puntos dañados de nuestro pasado. Me alegra decir que los brazos de Dios permiten que los niños adultos se trepen a él como pequeñines y sean nutridos a través de las desdichas de los tempranos días. ¿No es agradable entrar en la presencia de Dios y dejar que él te sostenga en sus brazos?

En Dios podemos volver a ser niños. La salvación es que Dios nos dé la oportunidad de empezar de nuevo. No abusará de los niños que acudan a él. A través de la alabanza, me acerco a él como un niño pequeño con sus piernas torpes. En la adoración, beso su rostro y soy sostenido por la caricia de su unción. Él no tiene ningún motivo oculto, porque su caricia es segura y saludable. Es muy importante que aprendamos a adorarlo. No hay mejor manera de subir a sus brazos.

Oración

Abba Padre, alabarte como un niño y adorarte con un beso es mi deseo. Te adoro, Señor, por lo amoroso y compasivo que eres. Que nunca ahuyente a los niños ni a los creyentes inmaduros cuando necesiten que yo sea un ejemplo de tu presencia segura y saludable. Esto lo pido en el nombre de Jesús. Amén.

Declaración

**¡Alabaré y adoraré a mi Padre celestial
como un niño lleno de emoción!**

Riqueza

Dices: "Soy rico, me he enriquecido
y no me hace falta nada"; pero no te das
cuenta de cuán infeliz y miserable, pobre,
ciego y desnudo eres tú (Apocalipsis 3:17).

Lo que todos necesitamos es tener ese don especial de la aceptación. La mayoría de las personas tememos al amargo sabor del rechazo, pero quizás peor que este sea el franco dolor que ataca a un corazón expuesto cuando una relación se ve desafiada por alguna lucha.

¿Supongamos que comparto mi corazón, mis pensamientos más íntimos, con alguien que me traiciona y soy herido de nuevo? La angustia de la traición puede convertirse en un muro que nos aísle, pero también nos incomunica con los que nos rodean. Sí, debo admitir que hay buenas razones para ser protector y cuidadoso. También reconozco que el amor siempre implica riesgos. ¡Sin embargo, sigo sugiriendo que el riesgo vale la pena por la recompensa! Qué privilegio haber saboreado las contemplaciones de los momentos de ocio con los ojos tiernos de alguien cuya expresión radiante te invita a ser como las crepitantes brasas de un fuego vivo.

La comunicación se vuelve innecesaria entre personas que no necesitan un habla audible. Su discurso es la mirada rápida y la suave palmada en el hombro. Su comunicación es una mirada preocupada cuando no todo va bien con uno. Si alguna vez te has hundido en la rica espuma de una relación de pacto real, entonces eres rico.

Esta relación es la riqueza que hace que la gente de la calle sonría bajo la lluvia y ría en medio de la nieve. No tienen abrigos para abrigarse; su única llama es la amistad de alguien que se relaciona con la difícil situación de la vida diaria. En este sentido, muchas personas ricas están empobrecidas. Tienen cosas, pero les falta compañerismo. Las mayores bendiciones a menudo no implican gastos, pero proporcionan recuerdos que enriquecen la credibilidad de la triste existencia de la vida.

Oración

¡Si señor! En el nombre de Jesús oro para que me muestres mi verdadero valor y las riquezas que proporcionas y que eclipsan todo el brillo mundano que llama mi atención, y me hace perder el tiempo. Busco en ti las mayores bendiciones que están disponibles de forma gratuita con solo pedirlas, en y desde ti.

Declaración

**Mi riqueza proviene de la relación íntima
que tengo con el Señor Jesucristo.**

A Judas

El Señor está conmigo y no tengo miedo;
¿qué me puede hacer un simple mortal?
(Salmos 118:6).

Dios ha usado a ciertos "amigos" y su negatividad para cumplir su voluntad con nuestras vidas. Debido a que nuestro objetivo final es agradarlo, debemos ampliar nuestra definición de amistad para incluir al traidor si su traición nos lleva al siguiente paso del plan de Dios para nuestras vidas.

> *Entonces Judas fue directamente a Jesús.*
> *—¡Saludos, Rabí! —exclamó y le dio el beso.*
> *Jesús dijo:*
> *—Amigo mío, adelante, haz lo que viniste a hacer.*
> *Entonces los otros agarraron a Jesús y lo arrestaron; pero uno de los hombres que estaban con Jesús sacó su espada e hirió al esclavo del sumo sacerdote cortándole una oreja.*
> *"Guarda tu espada —le dijo Jesús—. Los que usan la espada morirán a espada. ¿No te das cuenta de que yo podría pedirle a mi Padre que enviara miles de ángeles para que nos protejan, y él los enviaría de inmediato? Pero si lo hiciera, ¿cómo se cumplirían las Escrituras, que describen lo que tiene que suceder ahora?"*
> *(Mateo 26:49-54 NTV).*

Entiendo que, en sentido estricto, el "amigo" tiene buenas intenciones. Sin embargo, debido a la soberanía de Dios, me he dado cuenta de que hay algunos que realmente fueron fundamentales en mi bendición, ¡aunque nunca me aceptaron ni me afirmaron como persona! Jugaron un papel crucial en mi bienestar. Este tipo de "amigos" son el "sector de Judas" que existe en la vida de cada hijo de Dios.

¡Cada hijo de Dios no solo tiene sino que también necesita desesperadamente un "Judas" para llevar a cabo ciertos aspectos de la divina providencia en su vida! En el pasaje antes citado, ¡Judas era más amigo que Pedro! Aunque Pedro era en verdad más amable y admirable, Judas fue el elegido por Dios para iniciar el siguiente paso del proceso. El amor de Pedro fue casi un impedimento para el propósito de Dios. A veces tus amigos pueden causarte el mayor dolor. Te hieren y te traicionan, pero a través de su traición la voluntad de Dios puede ejecutarse en tu vida.

Oración

Al leer tu Palabra sobre Jesús y el papel que jugó Judas en su vida, me doy cuenta de que puedes utilizar a quien quieras en cualquier momento para cumplir tu propósito. Cuando reflexiono en mi vida, veo que ha habido personas que me maltrataron y me causaron dolor. Quizás eso fue intencional y necesario para hacerme avanzar. Confío en ti. En el nombre de Jesús te doy gracias, amén.

Declaración

Confío en que Dios traerá personas, dentro y fuera de mi vida, según lo considere necesario.

La individualidad

Tú me observabas mientras iba cobrando forma en secreto, mientras se entretejían mis partes en la oscuridad de la matriz (Salmos 139:15 NTV).

Pon la verdad en tu espíritu, y aliméntalo, nútrelo y permítele crecer. Deja de decirte a ti mismo: "Estás demasiado gordo, demasiado viejo, demasiado tarde o demasiado ignorante". Deja de alimentarte con esa basura. Eso no alimenta a un bebé. Con demasiada frecuencia matamos de hambre al embrión de fe que está creciendo dentro de nosotros. No es prudente hablar en contra de tu propio cuerpo.

Las mujeres tienden a hablar en contra de sus cuerpos, abriendo la puerta a enfermedades y dolencias. Habla vida a tu propio cuerpo. Celebra lo que eres. Eres la imagen de Dios. Las Escrituras nos recuerdan quiénes somos: *"¡Gracias por hacerme tan maravillosamente complejo! Tu fino trabajo es maravilloso, lo sé muy bien"* (Salmos 139:14 NTV). Estas son las palabras que alimentarán nuestras almas.

La verdad permite que, dentro de nosotros, crezca nueva vida. Alimenta al embrión de fe que llevas dentro con palabras como las siguientes:

> *Cuando miro el cielo de noche y veo la obra de tus dedos —la luna y las estrellas que pusiste en su lugar—, me pregunto: ¿qué son los simples mortales para que pienses en ellos, los seres humanos para que de ellos te ocupes?* (Salmos 8:3-4 NTV).

El Señor te pondrá a la cabeza y no en la cola, y siempre estarás en la cima, nunca por debajo (Deuteronomio 28:13 NTV).

Todo lo puedo en Cristo, que me fortalece (Filipenses 4:13).

La Palabra de Dios proporciona el alimento que alimenta al bebé de la fe que llevamos dentro.

Oración

Aunque sé que fui hecho maravillosa y temerosamente por ti, Dios creador, tiendo a pensar en eso como mi yo espiritual. El yo físico encuentra defectos nuevos casi a diario. Señor, en el nombre de Jesús, te entrego esas quejas y decepciones con respecto a mi apariencia. Ayúdame a verme como tú me ves: hecho a tu imagen perfecta.

Declaración

Estoy hecho a imagen de mi Señor y Salvador, por lo que he de estar contento tanto espiritual como físicamente.

Fe para ver

*Ahora bien, la fe es tener confianza en lo que esperamos, es tener certeza de lo que no vemos. Gracias a ella recibieron un testimonio favorable nuestros ancestros. **Por la fe** entendemos que el universo fue formado por la palabra de Dios, de modo que lo visible no provino de lo que se ve (Hebreos 11:1-3).*

El Libro de Hebreos nos proporciona una tremenda lección acerca de la fe. Cuando creemos en Dios, somos considerados justos. La justicia no se puede ganar ni merecer. Solo viene a través de la fe. Podemos tener un buen informe simplemente basados en nuestra fe. La fe se convierte en moneda de curso, como el dinero es la moneda de curso legal en este mundo que utilizamos para el intercambio de bienes y servicios. La fe se convierte en el fundamento o la sustancia de las cosas que se esperan y la evidencia de las cosas que no se ven.

Por ella [la fe] los ancianos obtuvieron buen testimonio (Hebreos 11:2).

***Por la fe** entendemos que el universo fue formado por la palabra de Dios, de modo que lo visible no provino de lo que se ve (Hebreos 11:3).*

Lo invisible se hizo visible y se manifestó. Dios quiere que entendamos que solo porque no podemos verlo no significa que él no lo hará. Lo que Dios quiere hacer en nosotros comienza como una palabra que llega al espíritu. Todo lo tangible empezó como algo intangible. Fue un sueño, un pensamiento, una palabra de Dios. De la misma manera, lo que los humanos hemos inventado comenzó como un concepto en la mente de alguien. Eso es fe.

> **Por la fe** Abel ofreció a Dios un sacrificio más aceptable que el de Caín y por ella recibió testimonio de ser justo, pues Dios aceptó su ofrenda. Por la fe Abel, a pesar de estar muerto, habla todavía. **Por la fe** Enoc fue sacado de este mundo sin experimentar la muerte; no fue hallado porque Dios se lo llevó, pero antes de ser llevado recibió testimonio de haber agradado a Dios (Hebreos 11:4-5).

Oración

Por fe, vengo ante ti ahora, Dios, para entregarme a tu voluntad y tu camino, a lo que veo y lo que no veo. Abre mis ojos espirituales para ver lo que quieres mostrarme y que pueda usar eso que vea para ayudar a que tu reino se establezca en la tierra como lo está en el cielo. Concédeme la fe para verte en todo y en todos los que me rodean. Gracias en el nombre de Jesús. Amén.

Declaración

¡Por fe creo!

tu todo

*Pues el Señor Dios de ustedes los ha bendecido en
todo lo que han hecho. Él les ha cuidado cada paso
que han dado por este inmenso desierto. En estos
cuarenta años, el Señor su Dios los ha acompañado,
y no les ha faltado nada* (Deuteronomio 2:7 ntv).

Si estás buscando a alguien que sea tu todo, no veas a tu
alrededor, ¡mira hacia arriba! Dios es el único que puede
serlo todo.

Al esperar la perfección de la carne, le pides más a otra
persona de lo que tú mismo puedes proporcionarte. Estar
casado implica tener una pareja: alguien que no siempre
estará presente, no siempre hará las cosas perfectamente y
no siempre será coherente en todo. Por otro lado, si alguna
vez te metes en problemas y no sabes a quién acudir en
busca de ayuda, puedes contar con tu cónyuge, alguien
con quien acurrucarte cuando el mundo parece frío y la vida
incierta. Alguien que se preocupa tanto como tú cuando
tus hijos están enfermos. Una mano que sigue revisando tu
frente cuando no estás bien.

Estar casado es tener el hombro de alguien sobre quien
llorar mientras bajan el cuerpo de tus padres a la tumba. ¡Es
envolverte las rodillas arrugadas en tus mantas calientes y
reírte sin dientes! A la persona con la que te casas, le estás
diciendo: "Cuando llegue el momento de dejar este mundo,
y el frío de la eternidad se lleve mis cumpleaños y mi futuro
se detenga en la noche, quiero despedirme con un beso y

ver tu cara. Es tu mano la que quiero apretar mientras me deslice del presente a la eternidad. A medida que se cierre el telón sobre todo lo que he intentado hacer y ser, quiero mirarte a los ojos y ver que te importo. No es lo que parecía. No lo que hice ni cuánto dinero gané. Ni siquiera lo talentoso que era. ¡Quiero mirar los ojos llorosos de alguien que me amó y ver que yo le importo!".

Sin embargo, ya sea que estés casado o no, Dios es el único que estará allí en cada momento de cada día, a tu lado, amándote más de lo que nadie en la tierra podría amarte. Le has importado desde el momento en que decidió formarte en su mente y luego en el vientre de tu madre. Él siempre ha sido tu todo.

Oración

Querido y omnipotente Todo, gracias por ser todo lo que necesito, quiero, espero y anhelo en la vida. Dejaré de observar lo que me rodea y seguiré viendo hacia arriba, ¡hacia el cielo, donde esperas que me una a ti en algún día glorioso! En el nombre de Jesús te alabo por todo lo que haces por mí, que así sea.

Declaración

**¡Jesús es todo lo que siempre
he soñado y más!**

Descanso

Muchos dicen: "¿Quién nos mostrará tiempos mejores?". Haz que tu rostro nos sonría, oh Señor. Me has dado más alegría que los que tienen cosechas abundantes de grano y de vino nuevo. En paz me acostaré y dormiré, porque solo tú, oh Señor, me mantendrás a salvo (Salmos 4:6-8 NTV).

Te reto a que seas consciente de que todo lo puedes en Cristo que te fortalece (ver Filipenses 4:13). Una vez que la mujer enferma estuvo consciente de que no tenía que seguir encorvada, se enderezó. Jesús le dijo a la que estaba junto al pozo que se deshiciera de todo lo viejo, de todo lo pasado. Quería que ella se alejara de aquel antiguo patrón de egoísmo. De repente, ella reconoció que no tenía lo que creía poseer. Aquellas cosas pecaminosas por las que has luchado por mantener no valen lo que pensabas que valían.

Me refiero a algunas de esas cosas que se han adherido a tu vida y en las que encuentras consuelo. Algunos de esos hábitos que llegaste a disfrutar, algunas de esas relaciones en las que creías encontrar seguridad, no fueron útiles. A menudo nos conformamos con menos porque no encontramos lo mejor. Cuando obtienes lo óptimo, eso te da el poder para dejar ir el resto.

La mujer enferma que Jesús sanó en Lucas 13 no entró en pánico por su enfermedad paralizante. Había estado en tormento y dolor por dieciocho años. Cuando llegó a la presencia de Jesús, se tranquilizó con él. Ella esperaba que él cuidara de ella. El resultado fue una curación maravillosa. La mujer junto al pozo de Juan 4 esperaba agua, pero se alejó de allí habiendo encontrado al Salvador. Buscó satisfacción temporal, pero halló deleite eterno.

Eso es el descanso, eso es el sábado. Es la capacidad de encontrar satisfacción eterna en Jesús. El mundo nunca nos dará paz y satisfacción. Jesús ofrece ambos libremente.

Si has luchado por encontrar satisfacción, puedes hallar esperanza para tu alma en el Maestro del universo. Él no te la negará por tu pasado. Ni examinará cada una de tus acciones. Él te tomará tal como eres y te dará descanso. Te proporcionará una paz que satisfará todos los anhelos de tu alma.

Oración

Estoy muy de acuerdo con el salmista, Señor: "Tú me has dado mayor alegría que los que tienen abundantes cosechas de trigo y de mosto. En paz me acostaré y así mismo dormiré, porque solo tú, oh Señor, me mantendrás a salvo". Oro para que tu rostro resplandezca sobre mí. En el nombre de Jesús te lo pido y te doy gracias, amén.

Declaración

**Solo Dios puede darme total paz,
satisfacción y descanso.**

Las luchas

El amo dijo: "Bien hecho, mi buen siervo fiel. Has sido fiel en administrar esta pequeña cantidad, así que ahora te daré muchas más responsabilidades. ¡Ven a celebrar conmigo!" (Mateo 25:23 NTV).

Debes preguntarte si estás dispuesto a pagar el precio para obtener la bendición. Otra pregunta que la gente rara vez se hace es si está dispuesta a soportar las críticas, el ridículo y las luchas que implica el éxito.

Con esto ya hemos eliminado a la mitad de las personas que dicen querer algo del Señor. Hemos eliminado a todas las mujeres que dicen que quieren un marido e hijos pero no quieren cocinar, cuidar ni limpiar. ¡Hemos eliminado a todos los hombres que dicen que quieren una esposa pero no quieren amar, proveer ni nutrir!

La mayoría de las personas se enamoran de la imagen del éxito, pero no contemplan la realidad de poseer la bendición. Es bueno que Dios no nos dé todo lo que pedimos, porque queremos algunas cosas simplemente porque lucen bien en la vida de otra persona. La verdad es que no estamos preparados para esas cosas y es probable que el hecho de recibir algo para lo que no estamos preparados ni listos para gestionar nos pueda hasta matar en el intento.

Entonces ¿estás jugando caprichosamente con la idea de ejercer tu capacidad para recibir una bendición? Este es un buen punto para comenzar. Creo que Dios comienza con lo que sus hijos tienen, para poder enseñarles coherencia en el nivel en el que se encuentren. Debe haber un crecimiento interior en tu capacidad para resistir las luchas que acompañan a las cosas que tienes. Me alegra mucho que Dios me haya permitido pasar por los días llenos de dolor, estrés y rechazo al principio de mi vida.

Descubrí que si realmente quieres perseguir tu sueño, hay un lugar en Dios en el cual forjas cierta inmunidad a la adversidad del éxito. Es simplemente una cuestión de supervivencia. O te vuelves inmune a las críticas, a las presiones confusas y al aislamiento, o te vuelves absolutamente demente ¡al punto que eches espuma por la boca!

Oración

Oh Padre celestial, cuánto anhelo oírte decir: "Bien hecho, mi buen y fiel siervo", ya sea aquí en la tierra o en el cielo cuando te vea cara a cara. Estoy listo para asumir más responsabilidades ahora, si tú también lo crees, ¡y estoy listo para celebrar contigo!

Declaración

**Soy un siervo bueno y fiel de mi Señor
y Salvador, Dios todopoderoso.**

Habilidades para la supervivencia

Porque en el día de la aflicción
él me resguardará en su morada;
al amparo de su santuario me protegerá
y me pondrá en alto sobre una roca
(Salmos 27:5).

Si siempre estás llorando por el rechazo y los malentendidos, si siempre estás molesto por los que ya no te aceptan en sus círculos, es posible que estés sufriendo un síndrome de deficiencia inmunitaria. Pierdes un tiempo precioso de comunión cuando le pides a Dios que cambie la forma de pensar de los demás. No es la gente ni la presión lo que debe cambiar: eres tú. Para sobrevivir al estrés del éxito, debes desarrollar inmunidad a aquellas cosas que no cambiarán.

Gracias a Dios que nos proporciona la flexibilidad. Recuerda, no puedes cambiar las etiquetas de precios solo porque no te gusten los precios. Mi oración constante es: "Señor, cámbiame hasta que esto ya no me duela". Soy como David: siempre estoy orando para llegar al lugar secreto. Ese lugar en la corte del rey se llamaba "santuario": *"Porque en el día de la aflicción él me resguardará en su morada; al amparo de su santuario me protegerá y me pondrá en alto sobre una roca"* (Salmos 27:5). Allí estás aislado del enemigo. Si puedes llegar al lugar secreto, afuera se podría desatar el infierno, pero no te importará, porque en su santuario hay paz. Si quieres lograr mucho, si tienes la intención de sobrevivir a los odiosos hijos de Caín, ¡tienes que entrar en el lugar secreto y quedarte allí!

¡Qué gran consuelo tiene Dios para ese corazón cansado, bombardeado, agobiado con las críticas de los cínicos y las presiones que lo obligan a actuar! A menudo pienso en cuántas veces permití que me abrumaran cosas que realmente eran irrelevantes. En retrospectiva, la mitad de esas por las que oraba deberían haber sido cosas descartadas como trivialidades. La madurez es un dulce alivio para aquellos que aún no han aprendido cómo sobrevivir a las bendiciones que Dios les ha dado. Sé que suena extraño, pero muchas personas no sobreviven a su propio éxito.

La notoriedad va y viene, pero cuando termina, quieres seguir ahí. Muchas personas pierden su propia identidad en la emoción del momento. Cuando el entusiasmo disminuye, como siempre ocurre, ¡han perdido de vista los temas más importantes de Dios, uno mismo, el hogar y la familia!

Oración

Gracias, Dios, por salvarme de mí mismo, por no permitirme dejarme llevar por un éxito que fácilmente podría haberme extraviado. Gracias por proporcionarme un lugar secreto donde puedo sobrevivir a los problemas y, al mismo tiempo, volver a poner mi atención en ti, en mi familia y en los demás. Alabo tu santo y sagrado nombre. Amén.

Declaración

Hoy declaro que no intentaré cambiar la opinión que la gente tiene acerca de mí, sino que cambiaré de parecer en cuanto a lo que Dios dice que es importante.

Misericordia

Pero ustedes no son así porque son un pueblo elegido. Son sacerdotes del Rey, una nación santa, posesión exclusiva de Dios. Por eso pueden mostrar a otros la bondad de Dios, pues él los ha llamado a salir de la oscuridad y entrar en su luz maravillosa. "Antes no tenían identidad como pueblo, ahora son pueblo de Dios. Antes no recibieron misericordia, ahora han recibido la misericordia de Dios" (1 Pedro 2:9-10 NTV).

Rajab era una ramera hasta que encontró la fe. "Por la fe la prostituta Rajab no murió junto con los desobedientes, pues había recibido en paz a los espías" (Hebreos 11:31). Una vez que tuvo fe, la antigua prostituta ya no recurrió a su vieja profesión.

La mujer enferma que narra Lucas 13 estaba encorvada, hasta que Jesús la tocó. Una vez que el Señor tuvo contacto con ella, al instante se enderezó. Cuando te revistes de Cristo, no hay razón para encorvarte después de que te toque. Puedes caminar con respeto aun cuando hayas fracasado en el pasado. No es lo que la gente dice de ti lo que te hace diferente. Lo que realmente importa es lo que dices sobre ti mismo y lo que tu Dios ha dicho sobre ti.

El hecho de que alguien te llame vagabundo no significa que tengas que actuar como tal. Rajab caminó con respeto. Encontrarás su nombre mencionado en el linaje de Jesucristo. Pasó de prostituta a ser una de las bisabuelas de nuestro

Señor y Salvador Jesucristo. No puedes ayudar donde estuviste, pero puedes ayudar en el lugar al que vas.

A Dios no le preocupa la raza. A él no le preocupa si eres afrodescendiente. Quizás pienses: Mi gente vino en un barco y recogía algodón en una plantación. Eso no hace que te distingas. La respuesta no es ser blanco. La verdadera ventaja espiritual no proviene del color de tu piel. No es la tez de tu piel lo que traerá liberación y ayuda de Dios, sino el contenido de tu corazón.

Oración

Señor, creo que me has hecho parte de tu pueblo escogido, nación santa, posesión tuya. Ayúdame a mostrar a los demás tu bondad para sacarlos de la oscuridad a tu maravillosa luz y tu misericordia. Te lo pido en el hermoso nombre de Jesús, amén.

Declaración

Lo que Dios dice de mí es lo que más importa.

Las ventajas

Quisiera que estén libres de las preocupaciones de esta vida. Un soltero puede invertir su tiempo en hacer la obra del Señor y en pensar cómo agradarlo a él; pero el casado tiene que pensar en sus responsabilidades terrenales y en cómo agradar a su esposa; sus intereses están divididos. De la misma manera, una mujer que ya no está casada o que nunca se ha casado puede dedicarse al Señor y ser santa en cuerpo y en espíritu; pero una mujer casada tiene que pensar en sus responsabilidades terrenales y en cómo agradar a su esposo (1 Corintios 7:32-34 NTV).

Algunos creyentes no comprenden los beneficios de estar soltero. En realidad, mientras no estés casado, deberías dedicarte a servir a Dios. Cuando te casas, diriges toda la formación que recibiste mientras no estabas casado hacia tu cónyuge.

El apóstol Pablo abordó este tema en su primera carta a la iglesia de Corinto. Las mujeres solteras suelen olvidar algunas ventajas muy importantes que tienen. A las cinco de la mañana, puedes acostarte en la cama y orar en el Espíritu hasta las siete y media, y no tener que responder ante nadie. Puedes adorar al Señor cuándo y cómo quieras. Puedes postrarte en el suelo de tu casa y adorar, y nadie se molestará por ello.

"Una mujer que ya no está casada o nunca lo ha estado puede ser consagrada al Señor y santa en cuerpo y espíritu".

A menudo quienes ministran en las iglesias escuchan a mujeres solteras quejarse de su necesidad de un marido, pero rara vez una mujer soltera se jacta del tipo de relación que es libre de construir con el Señor.

¿Te quejas de que necesitas a alguien? Aprovecha el tiempo en el que no tienes que preocuparte por cocinar y cuidar a una familia. Mientras una mujer es soltera, necesita reconocer que tiene la oportunidad especial de edificarse en el Señor sin los drenajes que pueden ocurrir más adelante.

Oración

Padre celestial, que pueda usar mi tiempo sabiamente, dedicando espacio en mi vida a estudiar tu Palabra, escuchar tu Palabra, meditar en tu Palabra y realizar mi trabajo diario para ti como mi primera prioridad. Cuando te pongo en lo más alto de mi mente y de mi espíritu, todo lo demás encaja perfectamente en su lugar. En el nombre de Jesús, que así sea.

Declaración

Estoy consagrado al Señor íntegramente: en cuerpo, mente y espíritu.

Gracia

Cada vez él me dijo:
"Mi gracia es todo lo que necesitas;
mi poder actúa mejor en la debilidad".
Así que ahora me alegra jactarme de mis
debilidades, para que el poder de Cristo pueda
actuar a través de mí (2 Corintios 12:9 ntv).

¡Jesús concluyó que los rechazos que enfrentó fueron obra del Señor! Como muy acertadamente lo expresó José: "Ustedes se propusieron hacerme mal, pero Dios dispuso todo para bien" (Génesis 50:20 ntv). El Señor orquesta lo que hace el enemigo y hace que cumpla Su propósito en tu vida. ¡Esto es obra del Señor! ¿Cuántas veces te han sucedido cosas "malas" que luego te diste cuenta de que eran necesarias? Si no hubiera enfrentado pruebas como esas, sé que no habría estado preparado para las bendiciones que ahora disfruto.

¡En manos de Dios, aun nuestras circunstancias más dolorosas se vuelven maravillosas a nuestros ojos! Cuando vemos cuán perfectamente elabora Dios su plan, podemos reírnos ante el fracaso. Sin embargo, *¡el rechazo es solo maravilloso a los ojos de alguien cuyo corazón ha confiado totalmente en el Señor!*

¿Has confiado plenamente en el Señor o estás afligido por algo que alguien ha hecho, como si no tuvieras a Dios para dirigirlo ni gracia para corregirlo? Esta es una pregunta importante porque desafía las perspectivas que has elegido adoptar para tu vida.

Les dijo Jesús:

—¿No han leído nunca en las Escrituras: La piedra que desecharon los constructores ha llegado a ser la piedra angular. Esto ha sido obra del Señor y nos deja maravillados? (Mateo 21:42).

"Nos deja maravillados" simplemente significa que desde nuestra perspectiva, ¡las peores cosas se ven bien! ¡Eso es lo que necesitas, fe para hacer cosas! La fe no es necesaria solo para eliminar problemas; también lo es para soportar conflictos que parecen irresolubles. ¡Ten la seguridad de que incluso si Dios no lo movió, puede hacerlo! Si tu Dios decidió quedarse pasivamente y ver venir a alguien cuyas acciones te dejaron dolor, aún debes confiar en su gracia soberana y su carácter inmutable. Él trabaja por tu bien. Alguien escribió una canción que decía: "Si la vida te da un limón, haz limonada". Eso es lindo, pero la verdad es que si caminas con Dios, ¡Él exprimirá y mezclará los limones para convertirlos en limonada!

Oración

En el nombre de Jesús, Señor, confiaré plenamente en ti. Creo plenamente que eres el Dios de gracia y misericordia, más que capaz de sacar lo bueno de lo no tan bueno en mi vida. Confío en tu gracia soberana y tu carácter inmutable, consciente de que me amas.

Declaración

¡Jesús me ama! ¡Esto lo sé, puesto que la Biblia me lo dice!

Garantía

Así dice la Escritura:
"Miren, yo pongo en Sión una piedra angular
escogida y preciosa, y el que confíe
en ella no será jamás defraudado".
Para ustedes los creyentes,
esta piedra es preciosa; pero para los incrédulos,
"la piedra que desecharon los constructores
ha llegado a ser la piedra angular"
(1 Pedro 2:6-7).

Por lo general, cada vez que ocurre un accidente, hay una lesión. Si una persona choca con otra, casi siempre daña todo lo relacionado con las dos. De la misma manera, una relación que fracasa afecta a todos los asociados con ella, ya sea en una oficina corporativa, un ministerio o una familia. Esas sacudidas y estremecimientos pueden dañar a todos los involucrados. Nos guste admitirlo o no, las acciones de los demás nos afectan en diversos grados. Sin embargo, la magnitud del efecto depende de la naturaleza de la relación.

Lo importante es el hecho de que no tenemos que morir en los choques y colisiones de la vida. Debemos aprender a vivir con el cinturón de seguridad puesto, aunque resulte molesto llevarlo. De manera similar, también necesitamos cinturones de seguridad espirituales y emocionales. No necesitamos del tipo que nos sujeta y nos hace vivir como un maniquí; más bien, necesitamos de una clase que sea invisible, pero que se aprecie mucho en caso de accidente.

La *seguridad interior* es el cinturón que evita que salgas disparado cuando te rechacen. Es la seguridad interior la que te mantiene en tu lugar. ¡Es la seguridad de que Dios tiene el control y que lo que él ha determinado no puede desaprobarlo nadie! Si él dijo que te iba a bendecir, entonces ignora el desorden y cree en el Dios que no puede mentir. La basura se puede limpiar y los moretones se pueden curar. Solo asegúrate de que, cuando el humo se disipe, todavía estés de pie. Eres demasiado importante para el propósito de Dios como para ser destruido por una situación cuyo único objetivo es darte carácter y estructura. No importa lo doloroso, devastado o decepcionado que puedas sentirte, todavía estás aquí. ¡Alabado sea Dios, porque él usará la piedra angular desarrollada a través de los rechazos y las relaciones fallidas para perfeccionar lo que ha preparado!

¡Levanta tu voz por encima de las sirenas y las alarmas de los hombres cuyos corazones han entrado en pánico! Alza los ojos por encima del humo ondulante y de las emociones en espiral. Levántate; podría haberte matado, pero no fue así. Anúnciate a ti mismo: "Estoy vivo. Puedo reírme. ¡Puedo llorar y, por la gracia de Dios, puedo sobrevivir!".

Oración

Acepta esta canción de Fanny Crosby como mi oración a ti, Señor: "¡Bendita seguridad, Jesús es mío! ¡Oh, qué anticipo de la gloria divina! Heredero de la salvación, compra de Dios, nacido de su Espíritu, lavado en su sangre. Esta es mi historia, este es mi cántico, alabo a mi Salvador todo el día; esta es mi historia, esta es mi canción". ¡Amén y amén!

Declaración

**Estoy vivo. Puedo reírme.
Puedo llorar y, por la gracia de
Dios, ¡puedo sobrevivir!**

Afirmación

"Yo los bautizo a ustedes con agua como señal de su arrepentimiento. Pero el que viene después de mí es más poderoso que yo y ni siquiera merezco llevarle las sandalias. Él los bautizará con el Espíritu Santo y con fuego. Tiene el aventador en la mano y limpiará su era recogiendo el trigo en su granero. La paja, en cambio, la quemará con fuego que nunca se apagará" (Mateo 3:11-12).

Permíteme que te advierta: Dios pone sus posesiones más preciadas bajo fuego. Los preciosos vasos de los que él obtiene la gloria más radiante a menudo son expuestos al crisol de la angustia. La mala noticia es que incluso aquellos que llevan una vida piadosa sufrirán persecución. La buena noticia es que puede que estés en el fuego, ¡pero Dios controla el termostato! Él sabe lo caliente que debe estar para lograr su propósito en tu vida. No conozco a nadie a quien preferiría confiarle el termostato que al Dios de toda gracia.

Cada prueba tiene grados o niveles. Algunas personas han experimentado angustias similares, pero en distintos grados. Dios conoce la temperatura que quemará las impurezas de su propósito. Es triste tener que admitir esto, pero muchas veces liberamos la impiedad de nuestras vidas solo cuando experimentamos el terrible castigo de un Dios fiel que está comprometido a lograr el cambio. Cuántas veces ha tenido que avivar las llamas a mi alrededor para producir los efectos que quería en mi vida. En resumen, Dios realmente quiere producir el cambio en nuestras vidas que lo glorificará.

Porque su Espíritu se une a nuestro espíritu para afirmar que somos hijos de Dios (Romanos 8:16 NTV).

Su mano ha avivado las llamas necesarias para enseñarte paciencia, oración y muchas otras lecciones invaluables. Necesitamos sus correcciones. No las disfrutamos, pero las requerimos. Sin la corrección del Señor, seguimos a nuestro modo. Qué alegría saber que él se preocupa lo suficiente como para enderezar los puntos irregulares de nuestras vidas. Son sus correcciones paternales las que nos confirman como hijos legítimos y no ilegítimos. Al corregirme y castigarme afirma mi posición en él.

Oración

Querido Dios, como preciada posesión tuya, como vaso precioso, te ruego que no permitas que me sorprenda estar expuesto al crisol de la angustia. Gracias por controlar el termostato y saber cuán caliente debe estar la temperatura para que logres tu propósito con mi vida. Quema las impurezas y aviva las llamas a mi alrededor para producir los efectos que deseas en mí. En el nombre de Jesús te lo ruego, amén.

Declaración

A través de las llamas de la instrucción de Dios, él me enseñará lecciones valiosas.

Confianza

Los que viven al amparo del Altísimo encontrarán descanso a la sombra del Todopoderoso. Declaro lo siguiente acerca del Señor: Solo él es mi refugio, mi lugar seguro; él es mi Dios y en él confío (Salmos 91:1-2 NTV).

La base de cualquier relación tiene que ser la confianza. Confiarle a Dios tus éxitos no es realmente un desafío. La verdadera prueba de la confianza es poder compartir tus secretos, tus fracasos internos y tus miedos. Una mejora mutua surge en una relación en la que hay intimidad basada en la honestidad.

Jesús le dijo a la mujer junto al pozo, una mujer cuyos defectos y fracasos había revelado sobrenaturalmente: "Los verdaderos adoradores adorarán al Padre en espíritu y en verdad, porque son la clase de adoradores que el Padre busca. Dios es espíritu, y sus adoradores deben adorar en Espíritu y en verdad" (Juan 4:23-24).

¡No tenemos nada que temer, porque nuestra honestidad con el Padre no le revela nada que él no sepa ya! Su intelecto es tan agudo que no tiene que esperar a que cometas un error. Él sabe de tu fracaso antes de que falles. Su conocimiento lo incluye todo y abarca las brechas entre tiempos e incidentes. ¡Él conoce nuestros pensamientos incluso cuando inconscientemente los reunimos para que tengan sentido en nuestra propia mente!

El Señor conoce todos los planes humanos; él sabe que son inútiles (Salmos 94:11).

El Señor conoce los pensamientos del hombre, que son vanidad (Salmos 94:11).

Una vez que sabemos esto, todos nuestros silencios y secretos parecen infantiles y ridículos. Él es "el que todo lo ve" y sabe perfecta y completamente lo que hay en nosotros. Cuando oramos —y más importante aún, cuando tenemos comunión con Dios— debemos tener el tipo de confianza y seguridad que no requiere ni permite el engaño. Aunque mi Padre aborrece mi pecado, me ama. ¡Su amor es incomprensible, principalmente porque no hay nada con lo que podamos compararlo! Lo que debemos hacer es aceptar las riquezas de su gracia y permanecer a la sombra de sus amorosos brazos.

Oración

Confío en ti, Dios, no solo te confío mis éxitos sino también mis secretos, mis fracasos internos y mis miedos: mis dolores, enojos y preocupaciones más profundos. Oro, Señor, para que abras mi corazón y mi mente para crear el tipo de intimidad basada en la honestidad que tú deseas en nuestra relación. Sé que odias el pecado que se arrastra entre nosotros; mantente en guardia, por favor; cuida de mí. Oro como lo hizo David: "Oh Señor, Dios mío, en ti pongo mi confianza; sálvame de todos los que me persiguen; y líbrame" (Salmos 7:1) En el nombre de Jesús te lo pido, amén.

Declaración

Confío en la misericordia de Dios. Mi corazón se regocija en su salvación.

Responsabilidad

No hay nada en toda la creación que esté oculto a Dios. Todo está desnudo y expuesto ante sus ojos; y es a él a quien rendimos cuentas (Hebreos 4:13 NTV).

Somos llamados a vivir en un estado de comunicación sincera con el Señor. Sí, nos sentimos vulnerables cuando percibimos que nuestro corazón está expuesto por completo ante Dios. Sin embargo, cada uno de nosotros necesita desesperadamente tener a alguien que pueda ayudarnos, alguien que sea capaz de comprender los problemas que están grabados en las tablas de nuestro corazón.

Dado que ya nos sentimos expuestos cuando nos damos cuenta de que no hay un solo pensamiento que hayamos albergado que Dios no haya visto y oído, entonces ¡no hay necesidad de una representación santurrona de lo que somos! Ya no necesitamos vivir bajo la presión de un camuflaje constante. Ni flagrante ni extravagante, estamos desnudos ante él en el mismo sentido en que un hombre yace desnudo en la mesa de operaciones ante un cirujano. El hombre no es jactancioso ni se avergüenza, porque entiende que su condición expuesta es una necesidad de su relación. Ya sea que el médico encuentre el bien o el mal, el consuelo del hombre reside en la convicción de que el cirujano posee los medios para restaurar el orden en cualquier área que pueda estar en desorden.

"Bienaventurados los de limpio corazón, porque ellos verán a Dios" (Mateo 5:8). La pureza que atrae la presencia

de Dios proviene de permitirle que elimine perennemente la corrosión que amenaza con bloquear el abundante flujo arterial de su gracia y su misericordia hacia nosotros. En resumen, debemos mostrarle lo que está obstruyendo o perturbando el flujo de su vida hacia nosotros, para que pueda limpiarnos y mantenernos aceptables ante él en amor.

La palabra griega *katheros* se usa aquí para expresar "pureza". Con este vocablo se describen los procesos médicos utilizados para limpiar, enjuagar o liberar líquidos del cuerpo. Dios envía continuamente un diluvio de su gracia limpiadora a los corazones de sus hijos, pero no puede limpiar ni purificar lo que escondemos en los rincones secretos de nuestros corazones y nuestras mentes.

Oración

Oh Señor, tu omnipotencia es reconfortante pero atemorizante al mismo tiempo. Me doy cuenta de que nada en toda la creación está oculto de ti. Todo está desnudo y expuesto ante tus ojos. Me doy cuenta de que soy responsable ante ti y me siento muy indigno. Pero también veo que tu misericordia y tu gracia se extienden hasta lo más profundo de mi ser, y tu sangre me lava y me deja tan blanco como la nieve pura. ¡Gracias, en el nombre de Jesús! Amén.

Declaración

Dejaré de esconder lo que necesita ser expuesto, para que Dios pueda limpiarme y purificarme.

Limpieza

*"Vengan, pongamos las cosas en claro", dice el Señor.
"Aunque sus pecados sean como escarlata, quedarán
blancos como la nieve. Aunque sean rojos como la
púrpura, quedarán como la lana" (Isaías 1:18).*

El himnólogo James Nicholson escribió una estrofa poderosa cuando compuso la letra de la canción "Más blanco que la nieve", la cual dice así: "Señor Jesús, anhelo ser perfectamente completo; deseo que vivas por siempre en mi alma; derriba todo ídolo, destruye a todo enemigo; ahora lávame y seré más blanco que la nieve".

Todavía puedo recordar el gran gozo que inundó mi alma cuando Cristo entró en mi corazón. Estuve caminando por el aire varias semanas. Fue y —de hecho— todavía es emocionante para mí, saber que mis muchos pecados fueron borrados de mis antecedentes por la sangre eficaz del Cordero. Grité y alabé al Señor con todas mis fuerzas, como si fuera la última oportunidad que tendría para alabar al Señor.

Al reflexionar, llegué a comprender que la lista de pecados fue limpiada en el Calvario, pero la *mente* se renueva día a día. A medida que, de vez en cuando, aparecían imágenes con recuerdos de cosas que rondaban el ático de mi mente como fantasmas no exorcizados, comencé a buscar al Señor que me salvó para que su gracia me protegiera. Fue entonces cuando capté la gran verdad de que la sangre de Cristo no solo limpiaba la oscuridad de mi pasada depravación, sino que también cubre mis luchas actuales.

¡No sabía entonces que Jesús lo pagó todo! La sangre de Cristo cubre mis pecados pasados, presentes y futuros, no para que desperdicie mi herencia como el hijo pródigo (si eso fuera posible), sino para que pueda descansar en mi relación con él. Debo serenarme con este consuelo y esta seguridad, y permitir que las herramientas de las pruebas y las luchas diarias implanten hábilmente en mi corazón y en mi mente un reflejo más claro de su naturaleza divina en mí.

Oración

¡Señor, te alabo y te doy gracias porque Jesús pagó el precio por mi salvación! ¡Su preciosa sangre cubre todos mis pecados de ayer, hoy y mañana! Te adoro por el amor con el que me colmas; soy digno de tu atención solo por el sacrificio de tu Hijo. ¡Gloria a Dios! Amén.

Declaración

¡Soy libre! ¡Libre!

Sin miedo

Cuando siento miedo, pongo en ti
mi confianza (Salmos 56:3).

El miedo es tan letal para nosotros como la parálisis del cerebro. Hace que nuestros pensamientos se vuelvan artríticos y nuestra memoria se haga lenta. Es el tipo de sentimiento que puede hacer que una persona elegante suba las escaleras a trompicones entre la multitud. Ya sabes a lo que me refiero: lo que hace que lo articulado tartamudee y lo rítmico se vuelva espasmódico. Como algo que crece en forma descomunal, el miedo se vuelve imposible de camuflar. Signos reveladores como rodillas temblorosas o labios temblorosos delatan miedo incluso en la persona más disciplinada.

Ya sea en un campo de fútbol, en una pista de esquí o en cualquier otro lugar, el miedo tiene una manera de infiltrarse y hacerse sentir, incluso entre las personas más selectas o exigentes. No tiene prejuicios ni conciencia social. Puede atacar a los pobres o a los aristócratas.

Para mí, no hay miedo como el que sienten los inocentes. Puedo recordar momentos de mi infancia cuando pensé que mi corazón se había convertido en un tambor africano golpeado por un músico loco cuyos esfuerzos pronto atravesarían mi pecho y se desbordaría como el estallido de una presa inundada.

Incluso ahora solo puedo especular cuánto tiempo tardó el miedo en dar paso a la normalidad o para que el retumbar distante de un corazón acelerado retrocediera hacia la estabilidad. No puedo calcular el tiempo porque el miedo lo atrapa y lo mantiene como rehén en una prisión de ansiedad fría. Sin embargo, con el tiempo, como los carámbanos que se derriten en el tejado de una casa vieja, mi corazón se derretiría gradualmente hasta convertirse en un latido constante y menos pronunciado.

Confieso que la madurez ha ahuyentado a muchos de los fantasmas y duendes de mi aterrador armario juvenil. Sin embargo, todavía hay momentos en los que la razón da paso a la imaginación fantasiosa del niño temeroso que hay en mí, que asoma su cabeza fuera de mi cuerpo ahora completamente desarrollado como la tortuga que saca la cabeza de su caparazón con precaución y precisión.

Oración

Confiar en ti, Señor, es la única manera de combatir el miedo. A veces he tenido temor y solo cuando vuelvo a enfocarme en ti —en vez de en la causa del miedo— encuentro consuelo. Que siempre recurra a ti, Padre Dios, para disipar el miedo y tomar control de mi mente y mi espíritu a través de tu Espíritu Santo. En el nombre de Jesús te doy gracias, amén.

Declaración

¡Miedo, vete! ¡Señor, acércate!

Cambio de nombre

*Por eso Dios lo exaltó hasta lo sumo y le otorgó el
nombre que está sobre todo nombre, para que ante
el nombre de Jesús se doble toda rodilla en el cielo y
en la tierra y debajo de la tierra (Filipenses 2:9-10).*

En el nombre de Jesús, debes romper el hechizo de cada
nombre que se adhiera a ti. Si tu Padre celestial no te dio ese
nombre, entonces no es bueno. Eres lo que él dice que eres.
Descansa en la identidad que te dio. Nadie conocía mejor
que Jacob [Israel] el poder del cambio de nombre. Recuerda,
¡fue en presencia de su Padre que descubrió que no era un
embaucador sino un príncipe!

Cuando crees en el nombre que procede del pacto de
Jesús, rompes la fuerza de cualquier otro apelativo que se
adhiera a tu identidad. En la Iglesia primitiva, ciudades ente-
ras fueron libradas de ataques satánicos en ese nombre. Aún
hoy, los drogadictos, las lesbianas, los proxenetas y cualquier
otro nombre están sujetos al nombre del Señor. Su nombre
es lo suficientemente fuerte como para romper la atadura
de cualquier otro nombre que se adhiera a tu vida.

Un buen nombre es una posesión muy preciosa. A menudo
es más lucrativo que la prosperidad financiera. Si tu nombre
se asocia con riqueza, ministerio, escándalo, etc., entonces
ha de convertirse en sinónimo de eso. Si mencionara ciertos
nombres, inmediatamente pensarías en Hollywood, en riqueza o quizás en determinada universidad. O podría referirme

a otros nombres que inmediatamente evocarían imágenes de turbas, asesinatos, adulterio o engaño.

Los nombres de algunas personas son perjudiciales debido a los fracasos y las indiscreciones del pasado. Otros más luchan con las manchas de los rumores y la difamación vergonzosa y dañina de la reputación. No importa si un rumor es cierto o no; la gente prefiere la emoción y la especulación. El dilema en el que se encuentran atrapadas muchas personas se puede plantear así: "¿Cómo puedo revertir la imagen o el estigma que se ha puesto sobre mi nombre?".

Ya sea que hayas adquirido un nombre infame por ser víctima o villano, tengo buenas noticias. Si estás luchando con la maldición y el estigma de la opinión pública, si la gente te ha categorizado durante tanto tiempo que has aceptado el origen de tu profecía, todavía tengo buenas noticias para ti. No tienes que quedarte como estás.

Oración

En el santo nombre de Jesús, acudo a ti, Padre, humillado por tu majestad, tu justicia y tu fidelidad. Tu nombre es lo suficientemente fuerte como para romper todas las ataduras de los nombres notorios que me han atado a lo largo de los años. Como Saulo, renombrado como Pablo, elijo identificarme con el nombre que tú me asignes, Dios. Gracias. En el nombre de Jesús, amén.

Declaración

**Declaro que mi nombre es
Hijo del Dios viviente.**

La opinión predominante de Dios

Yo he venido en nombre de mi Padre,
y ustedes me han rechazado. Sin embargo,
si otros vienen en su propio nombre, ustedes
los reciben con gusto (Juan 5:43 ntv).

No hay nada como tener problemas para sacar a relucir tu verdadera identidad. ¿No te alegra que no te limites a lo que dice la opinión pública? La opinión de Dios siempre prevalecerá. Aquellos tres hebreos salieron del horno sin rastro de humo. ¡Ese viejo rey intentó cambiar el nombre del paquete, pero no pudo modificar el contenido del corazón! ¿Te imaginas a esos chicos gritando cuando salieron? Alguien diría: "¡No hay nadie como nuestro Dios!". Otro levantaba las manos y decía: "¡Jehová es misericordioso!". El otro olía su ropa, se tocaba el pelo y gritaba: "¡Jehová nos ha ayudado!".

Si has agonizado de rodillas, orando en el altar para conocer el propósito y la voluntad de Dios para tu vida, y su respuesta no se alinea con tus circunstancias, ¡llámalo como Dios lo llama! El médico podría llamarlo cáncer, pero Dios lo llama sanidad; así que llámalo como Dios lo llama. La Palabra del Señor, muchas veces, persevera sola. No tiene abogado y no necesita testigos. Puede sostenerse por sus propios méritos. ¡Lo que él diga, eso eres! Si vas a luchar contra el desafío de esta época, entonces quítate de encima los nombres y los insultos del enemigo. Mira al enemigo a los ojos sin culpa ni timidez y declara:

"No he venido con las ropas de mi pasado. Tampoco utilizaré las opiniones de este mundo para mi defensa. No, soy mucho más sabio a través de las cosas que he sufrido. Por tanto, he venido en nombre de mi Padre. Él ha ungido mi cabeza, ha consolado mis temores y me ha enseñado quién soy. Estoy cubierto por su unción, reconfortado por su presencia y sostenido por su gracia. Hoy, como nunca antes, me mantengo en la identidad que él me ha dado y renuncio a todo recuerdo de lo que fui ayer. ¡Fui llamado para este tiempo y he venido en nombre de mi Padre!".

Oración

Padre Dios, tu opinión es la única que me importa; me apoyaré en lo que tú dices sobre esto y aquello en mi vida. Tu autoridad, tu poder y tu unción es todo lo que necesito para tener una vida bendita y abundante, sabiendo que tu provisión es suficiente. Siempre es suficiente. En el nombre de Jesús, amén.

Declaración

Vengo en el nombre de mi Padre.
¡Sé quién soy y de quién soy!

Unidad

Ya no hay judío ni no judío, esclavo ni libre, hombre ni mujer, sino que todos ustedes son uno solo en Cristo Jesús (Gálatas 3:28).

Algunos de nosotros tenemos ciertos problemas según nuestro lugar de origen. Y tenemos que tratar con eso. Dios dice que no hay griego ni judío. No existe tal cosa como una iglesia negra. No hay tal cosa como una iglesia blanca. Es una sola Iglesia, comprada con la sangre del Cordero. Todos somos uno en Cristo Jesús. Puede que hayas nacido con una cuchara de plata en la boca, pero eso no supone ninguna diferencia. En el reino de Dios, el estatus social no significa nada. Se puede mencionar a Rajab al lado de Sara porque si crees, Dios te bendecirá. La fe es lo único en este mundo en lo que existe verdadera igualdad de oportunidades. Todos pueden acudir a Jesús.

Dios no mira tu sexo. Él ve tu corazón. No mira la moralidad y las buenas obras. Él observa la fe que tienes dentro. Dios está mirando tu corazón. Eres espíritu y los espíritus no tienen sexo. Por eso los ángeles no tienen sexo; simplemente son espíritus ministradores. No pienses en los ángeles en términos de género sexual. Pueden manifestarse como hombres, pero los ángeles son en realidad espíritus ministradores. Todas las personas son una en Cristo Jesús.

Por lo tanto, ya que fuimos hechos justos a los ojos de Dios por medio de la fe, tenemos paz con

Dios gracias a lo que Jesucristo nuestro Señor hizo por nosotros. Debido a nuestra fe, Cristo nos hizo entrar en este lugar de privilegio inmerecido en el cual ahora permanecemos, y esperamos con confianza y alegría participar de la gloria de Dios (Romanos 5:1-2).

Cristo vio el valor de la mujer enferma de Lucas 13 porque era hija de Abraham. Ella tenía fe. Él te liberará también del dolor con el que has luchado y de las frustraciones que te han atormentado. La fe es verdaderamente igualdad de oportunidades. Si te atreves a creer que eres hija o hijo de Abraham, encontrarás el poder para mantenerte erguido y ser libertado. El potencial que ha sido atado será realmente liberado.

Oración

En el nombre de Jesús, creo que la verdadera Iglesia da la bienvenida a todas las personas, sabiendo que tú, Señor Dios, amas a cada persona como a tu Hijo. Como dice tu Palabra en 2 Pedro 3:9: "El Señor no tarda en cumplir su promesa, según algunos entienden la lentitud. Más bien, tiene paciencia con vosotros, no queriendo que nadie perezca, sino que todos procedan al arrepentimiento". Amén.

Declaración

**¡La fe realmente ofrece igualdad
de oportunidades para todos
los que la profesan!**

Estímulo

> *Por eso Dios, queriendo demostrar claramente a los herederos de la promesa que su propósito nunca cambia, confirmó con un juramento esa promesa. Lo hizo así para que, mediante la promesa y el juramento, que son dos realidades que nunca cambian y en las cuales es imposible que Dios mienta, tengamos un estímulo poderoso los que, buscando refugio, nos aferramos a la esperanza que está delante de nosotros* (Hebreos 6:17-18).

Reconoce y acepta el hecho de que Dios ha estado cuidándote toda tu vida. ¡Él te cubre, te viste y te bendice! Regocíjate en él a pesar de los quebrantos. La gracia de Dios es suficiente para tus necesidades y tus cicatrices. Él te ungirá con aceite. ¡La unción del Señor sea sobre ti ahora mismo! Que te bañe, sane y fortalezca como nunca antes.

> *Cuando él llegó y vio las evidencias de la gracia de Dios, se alegró y animó a todos a hacerse el firme propósito de permanecer fieles al Señor* (Hechos 11:23).

Para los que sufren, Dios tiene cuidados intensivos. Habrá momentos en tu vida en los que Dios te nutrirá en situaciones de crisis. Quizás ni siquiera te des cuenta de cuántas veces ha intervenido Dios para aliviar las tensiones y el estrés del día a día. De vez en cuando, él nos hace un favor. Sí, un favor:

algo que no nos ganamos o que ni siquiera podemos explicar, algo como la mano amorosa de Dios. Él sabe cuándo es abrumadora la carga. Muchas veces él se mueve (nos parece) justo a tiempo.

Que el Dios que infunde aliento y perseverancia les conceda vivir juntos en armonía, conforme al ejemplo de Cristo Jesús (Romanos 15:5).

Dios nos tranquiliza constantemente para que tengamos consuelo y esperanza para el alma, la mente y las emociones, firmes e inamovibles. Él nos da seguridad y confianza.

Tú, Señor, escuchas el deseo de los indefensos, les infundes aliento y atiendes a su clamor (Salmos 10:17).

Oración

Padre celestial, vengo a ti en el nombre de Jesús, alabándote y agradeciéndote por nutrirme en cada situación de crisis, ya sea que sepa que has intervenido o no. Tu aliento llega de muchas maneras; justo cuando lo necesito, estás a mi lado para ayudarme. Con mucha gratitud y en el nombre de Jesús te doy las gracias, amén.

Declaración

La gracia y el aliento de Dios me ayudarán a superar cada crisis que surja.

Poder

Pero de ahora en adelante el Hijo del hombre estará sentado a la derecha del Dios Todopoderoso (Lucas 22:69).

Digno eres, Señor y Dios nuestro, de recibir la gloria, la honra y el poder, porque tú creaste todas las cosas; por tu voluntad existen y fueron creadas (Apocalipsis 4:11).

Solo cuando nos cansamos de intentar desbloquear nuestros propios recursos recurrimos al Señor, lo recibimos y le permitimos liberar en nosotros el poder para convertirnos en lo que necesitamos ser. En realidad, ¿no es eso lo que queremos saber: nuestro propósito? Entonces podremos usar el poder para convertirnos en lo que realmente somos. La vida nos ha cincelado a muchos de nosotros hasta convertirnos en meros fragmentos de lo que debíamos ser. A todos los que lo reciben, Cristo les da el poder de salir de lo que fueron obligados a ser, para que puedan transformarse en los individuos que Dios ideó que fueran.

La salvación, en lo que se refiere al destino, es el poder dado por Dios para convertirte en lo que él ha decretado eternamente que eras antes. "¿Antes de qué?", preguntas. Antes de la fundación del mundo. Lo que los cristianos llaman con tanta frecuencia *gracia* es, en realidad, la habilitación divina para cumplir el propósito predestinado. Cuando el Señor le dice a Pablo: "Te basta mi gracia" (2 Corintios 12:9), simplemente está afirmando que su poder no se deja intimidar por tus circunstancias. ¡Dios te ha dado el poder para alcanzar y lograr metas que trascienden las limitaciones humanas! Es importante que todos y cada uno de los vasos que Dios usa se den cuenta de que pudieron lograr lo que otros pudieron, no solo porque Dios les dio la gracia para hacerlo. Los problemas no lo son realmente para una persona que tiene la gracia de servir en un área particular.

¿Cuántas veces la gente se me ha acercado y me ha dicho: "No veo cómo puedes soportar esto o aquello"? Si Dios nos ha dado la gracia para operar en determinada situación, esas cosas no nos afectan como lo harían a otra persona que no tiene la gracia para funcionar en esa área. Por eso, es importante que no imitemos a otras personas. Suponiendo que tengamos el mismo talento, es posible que todavía no seamos igualmente agraciados. Recuerda, Dios siempre da poder a quien emplea.

En última instancia, debemos saber que la excelencia de nuestros dones es de Dios, no de nosotros. Él no necesita tantas contribuciones de nosotros como creemos. Por tanto, es Dios el que determina nuestros destinos internos. Él nos da el poder para convertirnos en lo que somos eterna e internamente.

Oración

Cristo Jesús, gracias por darme el poder para escapar de lo que me obligaron a ser, para poder transformarme en el individuo que ideaste al crearme. Acepto con gusto tu divina habilitación para cumplir el propósito que predestinaste para mí. Úsame, Señor, para que se haga tu voluntad en la tierra como en el cielo. En el nombre de Jesús te lo ruego, amén.

Declaración

El poder de Dios no se deja intimidar
por mis circunstancias.

Arrepentimiento

Dios lo exaltó a su derecha como Príncipe y
Salvador, para que diera a Israel arrepentimiento
y perdón de pecados (Hechos 5:31).

El cambio es un regalo de Dios. Le es dado a aquellos que están demasiado alejados de lo que sienten que el destino les ha ordenado. No hay nada de malo en equivocarse, pero sí en no efectuar los ajustes necesarios para ¡hacer las cosas bien! Incluso dentro de la comunidad cristiana, algunos no creen en la capacidad de Dios para cambiar el corazón humano. Esta incredulidad en la capacidad de Dios hace que las personas juzguen a los demás basándose en su pasado. Temas muertos reviven periódicamente en boca de los chismosos. Aun así, el Señor regenera —poco a poco— la mente de sus hijos. No asumas que el cambio real ocurre sin lucha ni oración. Sin embargo, se puede lograr.

La Biblia le da un nombre al cambio: arrepentimiento. Este es el regalo de Dios para los corazones que luchan. El Señor quiere llevarte a un lugar seguro, a un refugio. Sin la ayuda del Espíritu Santo, puedes buscar y rebuscar formas y maneras y —con todo y eso— no hallar el arrepentimiento. El Señor solo mostrará el lugar del arrepentimiento a aquellos que tengan hambre y sed de justicia. Sin esto último, no habrá concesión de tal regalo divino.

Un momento con el Espíritu de Dios puede llevarte a un punto de renovación que, por tu propio esfuerzo, no has de encontrar ni disfrutar nunca. Creo que fue este tipo de gracia la que hizo que John Newton escribiera las líneas de la estrofa inspirada de su canción "Sublime gracia": "Su gracia me enseñó a temer, mis dudas ahuyentó, oh cuán precioso fue a mi ser, cuando él me transformó. De mi maldad me libertó, mi Salvador me rescató y como el mar, fluye el perdón sublime gracia, inmenso amor". Cuando Dios te da la gracia de efectuar cambios que sabes que no podrías hacer por tus propias fuerzas, su gracia se vuelve preciosa para ti.

Oración

Espíritu de Dios, nunca pensé en el arrepentimiento como un regalo tuyo, pero por supuesto lo es, ¡porque todas las cosas buenas provienen de ti! Oro para que me muestres el lugar del arrepentimiento mientras realmente tengo hambre y sed de tu justicia. En el nombre de Jesús, amén.

Declaración

¡Quiero hacer las cosas bien, siempre!

Buenos amigos

Ahora bien, sabemos que Dios dispone todas las cosas para el bien de quienes lo aman, los que han sido llamados de acuerdo con su propósito (Romanos 8:28).

Si no puedes salir bien de una relación o de una situación determinada, entonces Dios no permitirá dicha circunstancia. Saber esto nos libera de las luchas internas y nos permite ser transparentes. "Todo don bueno y perfecto desciende de lo alto, del Padre de las luces celestiales, el cual no cambia como sombras cambiantes" (Santiago 1:17). Si no comprendes la soberanía de Dios, entonces —lamentablemente— todo está perdido. Debe haber una conciencia interna dentro de tu corazón, un conocimiento profundo de que Dios tiene el control y que él es capaz de revertir cualquier situación o cosa por adversa que sea. Cuando creemos en la soberanía divina, podemos superar cada prueba inducida humanamente puesto que nos damos cuenta de que es divinamente permitida y orquestada de manera sobrenatural. Él orquesta todo eso de tal forma que las cosas que podrían habernos paralizado solo contribuyen a motivarnos más.

Dios se deleita al otorgarnos su abundante gracia para que podamos vivir sin temor, sin miedo. En Cristo, llegamos al escenario de las relaciones humanas sintiéndonos como si estuviéramos ante una gran "mezcla heterogénea" o mesa de bufet. Habrá algunas relaciones cuyo "sabor" preferimos por encima de otras, pero la riqueza de la vida radica en la oportunidad de explorar las opciones. A qué plato tan aburrido nos enfrentaríamos si todo lo que contiene fuera lo mismo, sin distinción. Dios crea diferentes tipos de personas y todas son obra suya.

Incluso en las relaciones más armoniosas ocurren heridas y se presentan adversidades. Si vives en un capullo, extrañarás todos los diversos niveles de amor que Dios tiene para ti. Dios permite que distintas personas entren en tu vida para cumplir sus propósitos. En última instancia, tus amigos son los que te ayudarán a convertirte en todo lo que Dios quiere que seas en él. Cuando consideras eso desde esa perspectiva, tienes muchos amigos, algunos de ellos muy bien definidos y otros amigos implícitos.

Oración

Mi querido y mejor amigo: me asombra tu atención a cada detalle de mi vida, incluidas mis relaciones con mis amigos. Gracias por mis mejores amigos, por mis amigos ocasionales y por los que aún no he conocido. "Al ver la fe de ellos Jesús dijo: ¡Amigo, tus pecados quedan perdonados!" (Lucas 5:20). Eres mi mejor amigo por siempre y para siempre. En tu nombre oro y te doy gracias, amén.

Declaración

Jesús es mi amigo. En él tengo mi ser.

Entendimiento

Alegre es el que encuentra sabiduría,
el que adquiere entendimiento
(Proverbios 3:13 NTV).

Cuando experimentamos el nuevo nacimiento, volvemos otra vez a los años de formación en los que fuimos profundamente impresionables. Es importante discernir a quién permitimos que nos influya en los primeros años. Siempre que intimamos con alguien, lo primero que debemos querer saber es: "¿Quién dices que soy?". Nuestra necesidad básica es ser comprendidos por el círculo interno de personas con quienes caminamos.

Sin embargo, debemos estar preparados para abortar la información negativa y destructiva que no nos lleva a una conciencia acelerada de las realidades y fortalezas internas. Jesús pudo preguntarle a Pedro: "¿Quién dices que soy yo?" ¡Porque él ya sabía la respuesta! (Ver Mateo 16:15). Pedirle a alguien que te defina sin conocer primero la respuesta dentro de ti mismo es peligroso. Cuando hacemos ese tipo de preguntas, sin una conciencia interior, abrimos la puerta a la manipulación. En definitiva, Jesús sabía quién era.

El Señor quiere ayudarte a que estés consciente de quién eres y qué ideó él que fueras. Cuando comprendas que él es el único que en verdad te conoce, entonces lo buscarás con pasión y determinación. Así que ¡persíguelo! Escucha lo que el apóstol Pablo comparte en la reunión en la colina de Marte o Areópago:

De un solo hombre creó [Dios] todas las naciones en toda la tierra. Decidió de antemano cuándo debían surgir y caer, y determinó sus límites. Su propósito era que las naciones buscaran a Dios y tal vez tantearan el camino hacia él y lo encontraran, aunque él no está lejos de ninguno de nosotros. Porque en él vivimos, nos movemos y existimos. Como han dicho algunos de sus propios poetas: "Somos su descendencia" (Hechos 17:26-28 ntv).

El mensaje básico de este pasaje es que Dios ha puesto límites a nuestras habitaciones. Él sabe quiénes somos y cómo debemos encontrarlo. Este conocimiento, enmarcado en el consejo de la omnisciencia de Dios, es la base de nuestra búsqueda, de nuestra comprensión, y es la liberación de ese conocimiento lo que trae consigo una transformación inmediata. Él conoce la esperanza o la meta de nuestro llamado. Él no está muy lejos de nosotros; Dios solo se revela a las personas que lo buscan. Los que encuentran son los que buscan. ¡La puerta se abre solo para quienes llaman y los regalos se entregan a los que piden! (Ver Lucas 11:9). La iniciativa es responsabilidad nuestra. Todo el que tenga hambre y sed será saciado. Recuerda, en cada crisis ¡Él nunca está lejos del que busca!

Oración

Padre Dios, que siempre busque de ti, que anhele tu comprensión y todo conocimiento que quieras regalarme. Buscaré y llamaré, tendré hambre y sed para que me llenes hasta rebosar de tu amor, tu consejo y tu sabiduría. En el nombre de tu Hijo Jesús, amén.

¡Soy definido por la definición de Dios!

Compasión

Por el gran amor del Señor no hemos sido
consumidos y su compasión jamás se agota.
Cada mañana se renuevan sus bondades; ¡muy
grande es su fidelidad! (Lamentaciones 3:22-23).

"Perdóname por condenar y juzgar a los demás. Sé que si no fuera por tu inmensa misericordia, sería culpable de las mismas cosas por las que he desdeñado a otros. Ayúdame a no ser hipócrita". Este tipo de oración y confesión mejora tu relación con Dios a medida que comienzas a darte cuenta de que fuiste salvo por gracia, que eres salvo por gracia y que serás salvo por gracia. Una vez que estás consciente de esto, ¿cómo no vas a estar agradecido?

Sabes que Dios te ama tanto que se queda en la casa que no has limpiado por completo. Él odia los actos y desprecia los pensamientos, pero ama al pensador.

> *Nada en toda la creación está oculto a Dios. Todo está desnudo y expuesto ante sus ojos, y él es ante quien debemos rendir cuentas. Así que, ya que tenemos un gran Sumo Sacerdote que ha entrado en el cielo, Jesús el Hijo de Dios, retengamos firmemente lo que creemos. Este Sumo Sacerdote nuestro comprende nuestras debilidades, porque enfrentó las mismas pruebas que nosotros, pero no pecó (Hebreos 4:13-15 NTV).*

Inmediatamente después de que el escritor del Libro de Hebreos nos dice que Dios conoce todos nuestros asuntos y que todos nuestros pensamientos desfilan desnudos ante sus ojos escrutadores, menciona al Sumo Sacerdote que tenemos en Cristo. Él sabe que vamos a necesitar un sumo sacerdote para que trate con toda la basura y la información que el Espíritu Santo sabe que tenemos, algo que otros nunca sabrían que acarreamos. ¿Qué mayor compasión se puede mostrar que cuando el escritor continúa diciendo que Dios, a través de Cristo, puede conmoverse por cómo me siento yo? No es de extrañar que Jeremías dijera que ¡sus misericordias son "nuevas cada mañana"! (Ver Lamentaciones 3:22-23).

Oración

Señor, que me concedas la compasión de Jesús: *"Cuando vio a las multitudes, les tuvo compasión, porque estaban confundidas y desamparadas, como ovejas sin pastor"* (Mateo 9:36 NTV). Que tenga la oportunidad de compartir tus buenas nuevas con las personas que coloques en mi camino. En el nombre de Jesús, amén.

Declaración

**Soy salvo por su gracia y su
compasión: ¡Aleluya!**

Enriquecidos

El que le suple semilla al que siembra también le suplirá pan para que coma, aumentará los cultivos y hará que ustedes produzcan una abundante cosecha de justicia. **Ustedes serán enriquecidos en todo** *sentido para que en toda ocasión puedan ser generosos, y para que por medio de nosotros la generosidad de ustedes resulte en acciones de gracias a Dios* (2 Corintios 9:10-11).

Si en tus pensamientos ves algo más allá de donde estás, si ves un sueño, una meta o una aspiración que otros considerarían imposible, es posible que tengas que retenerlo. A veces tendrás que esconderlo y, la mayoría de las veces, tendrás que regarlo como un granjero irriga sus cultivos para sustentar la vida en ellos. Pero recuerda siempre que son tus campos. Debes comer del jardín de tus propios pensamientos, así que no cultives nada que no quieras comer.

Mientras reflexionas y sueñas despierto, recibe gracia para cuando enfrentes situaciones difíciles y requieras sanidad para el suelo dañado. Solo debes saber que cada vez que tus hijos, tus amigos o cualquier otra persona venga a la fuente de tu sabiduría, solo podrás alimentarlos con lo que hayas cultivado en tus propios campos. Tu sabiduría es tan sabrosa y su textura tan rica que no se puede "comprar en la tienda"; debe ser de cosecha propia.

Una oración susurrante reposa en mis labios: *Pido que esta palabra que Dios me ha dado sea tan poderosa y personal, tan íntima y aplicable, que deje tras de sí una mente estéril y* la haga fértil. Esta semilla de grandeza explotará en tu vida y cosechará en tus hijos, alimentando a las generaciones venideras y cambiando los vientos del destino.

A medida que paso a otros temas y nos enfrentamos a nuestro yo interior, nos despojamos de nuestras fachadas y nos vemos como realmente somos. No temo nuestra desnudez ni me desaniman nuestros defectos. En mi corazón capto el olor indescriptible de una lluvia que se acerca. Hay humedad en el aire y veo las nubes que se acumulan. Nuestros campos han sido elegidos para la próxima lluvia y el viento ya ha empezado a soplar.

Corre rápidamente al campo con tus preciosas semillas y plántalas en la tierra blanda de tu mente fértil. Todo lo que plantes por la tarde, lo cosecharás por la mañana. Amigo mío, me siento muy emocionado por ti. Acabo de escuchar un trueno... ¡en un momento más, caerá la lluvia!

Oración

Mi Creador, consciente de que debo comer del jardín de mis propios pensamientos, mientras reflexiono y sueño despierto, pido tu gracia para esos lugares difíciles y sanidad para el suelo dañado de mi vida. Ayúdame a plantar las semillas que producirán un futuro abundantemente fructífero. Gracias. En el nombre de Jesús, amén.

Declaración

¡No tengo miedo ni me desanimo!
¡Siento la lluvia nutritiva y
refrescante de Dios en mi rostro!

Restauración

¡Restáuranos, Señor Dios de los Ejércitos!
Haz resplandecer tu rostro sobre nosotros,
y sálvanos (Salmos 80:19).

¡Las circunstancias muertas no pueden detener el cuerpo de alguien que ha sido elegido! Si nadie más abraza a esos sangrantes soldados condecorados con la Medalla del Corazón Púrpura —combatientes heridos o asesinados en acción—, tal vez deberían unirse y hallar consuelo en lo común de su experiencia mutua. Gracias a Dios por Jefté, que nos recuerda la profunda y duradera realidad de que aun cuando las mentes cerradas que decidieron que nuestros huesos secos no podrían volver a vivir nos arrojaran a un recipiente de basura, ¡Dios todavía recicla vidas humanas!

Debo confesar que más de una vez he visto su mano recoger los pedazos de este corazón roto y restaurar al servicio mis emociones aplastadas y mi turbia confianza, mientras yo permanecía asombrado ante el hecho de que Dios puede hacer tanto con tanta gente pequeña.

El mejor lugar para predicar no son nuestras grandes reuniones con multitudes crecientes y reconocimientos elevados. El mejor lugar para predicar son las trincheras, las fosas y las pocilgas de la vida. Si deseas una audiencia agradecida, lleva tu mensaje a los lugares marginados y quítales la pestilencia porcina a los hijos pródigos de Dios, que fueron encerrados en porquerizas por la élite espiritual.

En esas situaciones abominables, verás que nace la verdadera adoración, esa que brota de los corazones de aquellos que se dan cuenta de las riquezas de la gracia de Dios. No se necesita ningún seminario de adoración para alguien cuyo rostro lleno de lágrimas ha pasado de la humillación a la inspiración. ¡Su degradación personal se ha convertido en una demostración viva de las profundidades del insondable amor de Dios!

Amigo mío, ¡esto es adoración davídica! Esta es la alabanza de David, cuyos criticones hermanos y su padre distraído lo ayudaron a convertirse en el lienzo en el que Dios pintó el mejor cuadro de adoración que estos ojos cansados jamás hayan visto! Es hora de que redefinamos y redirijamos nuestra mirada para encontrar a los héroes de Dios entre nosotros. No debemos olvidar que él decide, deliberadamente, restaurar y utilizar personas inadecuadas y rechazadas, y es posible que esté mirando en dirección a nosotros.

Oración

Señor Dios Todopoderoso, la restauración es parte de mi salvación: restaura el vínculo entre tú y yo a través del sacrificio de tu Hijo en la cruz. Oh, cuán eternamente agradecido estoy porque él eligió ser golpeado, despreciado y asesinado, todo para restaurar nuestra relación contigo. En humilde adoración y en su nombre oro, amén.

Declaración

**¡Soy redimido y restaurado,
en el nombre de Jesús!**

Coronas

*Los veinticuatro ancianos se postraban ante él y
adoraban al que vive por los siglos de los siglos.
Y deponían sus coronas delante del trono exclamando:
"Digno eres, Señor y Dios nuestro, de recibir la gloria,
la honra y el poder, porque tú creaste todas las cosas;
por tu voluntad existen y fueron
creadas" (Apocalipsis 4:10-11).*

Hay un lugar en la presencia de Dios donde las coronas pierden su brillo. Hay un escenario donde los elogios humanos suenan descarados y sin sentido. Hay un lugar donde todos los monumentos que conmemoran nuestros grandes logros parecen piedras polvorientas recogidas por niños aburridos que no tenían nada mejor que coleccionar. Hay momentos en los que cambiamos el éxito por el consuelo.

En el Libro de Apocalipsis, veinticuatro ancianos cambiaron sus coronas doradas con joyas incrustadas por un momento lleno de lágrimas en presencia de un Cordero manchado de sangre. Muchas personas maravillosas están sufriendo por su éxito porque no pueden discernir cuándo arrojar sus coronas y, simplemente, adorar.

Conduje un camión de reparto un verano mientras estaba en la universidad. Nunca había conducido un vehículo con una caja de cambios manuales. Al principio todo iba bien. Lo manejé bastante bien. De hecho, estaba de camino a ese lugar especial del egoísmo entronizado cuando tuve que detenerme en un semáforo. El único problema era que esa luz estaba en una colina empinada. Así que tuve que mantener mi pie izquierdo en el embrague mientras pasaba mi pie derecho del freno al acelerador con la sincronización y la gracia del legendario actor Fred Astaire. Mi primer intento hizo que el camión se deslizara hacia adelante. Luego se apagó el motor y todo el vehículo empezó a desplazarse hacia atrás. Casi choco contra un auto que estaba detrás de mí. ¡Me sentí mareado! El tráfico estaba retrocediendo y pude ver a una persona, en mi espejo retrovisor, diciendo algo que me alegré de no poder escuchar.

Al fin oré, que es lo que debí haber hecho primero. Mi tarea era ubicar el momento adecuado. Tuve que aprender cuándo sacar mi pie derecho del freno para pisar el acelerador y cuándo quitar mi pie izquierdo del embrague con similar precisión a la de una computadora sin apagar el motor. Cuando todo terminó, mi cabeza daba vueltas, mi pulso estaba débil y (para ser franco) ¡mi vejiga estaba llena! A pesar de todo eso, aprendí algo en esa colina que muchas personas no aprenden sobre sí mismas y las cosas a las que se aferran. ¡Aprendí cuando dejar algo!

Oración

Señor, una buena lección que aprender es cuándo dejar de lado las cosas (e incluso las personas) que causan un atasco en mi vida. Que mi alabanza, mi adoración y mi búsqueda de tu voluntad conmigo estén al frente y al centro del camino al que me llevas. Cualquier corona que haya acumulado a lo largo del camino será colocada ante ti como una pequeña muestra de mi amor por ti. En el nombre de Jesús, amén.

Declaración

¡Dios es digno de recibir toda gloria, honra y poder!

Exposición

Vestido con un efod de tela de lino, se puso a bailar ante el Señor con gran entusiasmo. Así que entre vítores y al son de trompetas, David y todo el pueblo de Israel llevaban el arca del Señor. Sucedió que al entrar el arca del Señor a la Ciudad de David, la hija de Saúl, Mical, se asomó a la ventana y, cuando vio que el rey David estaba saltando y bailando delante del Señor, sintió por él un profundo desprecio (2 Samuel 6:14-16).

Por diseño de Dios, en las páginas de las Escrituras quedan expuestos ante nosotros los intrincados detalles de la vida de David, cuyas pasiones eran tanto una ventaja como una desventaja. Filtramos sus pensamientos secretos con tanta naturalidad como si estuviéramos leyendo un periódico matutino. Sus luchas internas y sus disfunciones infantiles se ventilan abiertamente en las páginas del texto como el desplegable central de un tabloide.

Dios no mostró los fracasos de David en un intento por exponer las oraciones secretas de su rey en apuros. Más bien, el propósito divino es darnos un punto de referencia que exhiba su multiforme gracia. Cuán maravilloso es el mensaje que nos instruye que si Dios pudo usar a David, también puede usarnos a nosotros, ya que todos somos personas con pasiones similares.

No discuto sobre esas pasiones. De hecho, sin ellas nunca podré migrar de las oscuras colinas y los campos pastoriles de antaño a la victoriosa adquisición del palacio al que he sido llamado. Sin embargo, quiero lanzar una advertencia en medio de esta disertación a aquellos que se atreven a dejar al descubierto sus pasiones y deseos más íntimos ante Dios, que examina el funcionamiento interno de cada corazón.

¿Sabías que Dios usó personas que fueron afectadas de manera similar (como tú) por ciertos estímulos y luchas? ¡Qué alegría saber que un tesoro puede estar rodeado de basura y aun así no perder su valor! ¿Pierde su valor un diamante si se encuentra en una sucia cañería? ¡Por supuesto que no!

Oración

Como David, Señor, a veces mis luchas son muchas y mis enemigos me rodean; sin embargo, también como David, recurriré a ti para encontrar consuelo, perdón, paz y el oportuno socorro. Tú eres la luz en este mundo oscuro, por lo que continuaré caminando en dirección a tus brillantes rayos de vida. Te ofrezco esta oración en el nombre de Jesús. Amén.

Declaración

¡Me esfuerzo por ser un hijo conforme al corazón de Dios!

Despertar a la realidad

Era la hora de cenar, y el diablo ya había incitado a Judas, hijo de Simón Iscariote, para que traicionara a Jesús. Jesús sabía que el Padre le había dado autoridad sobre todas las cosas y que había venido de Dios y regresaría a Dios. Así que se levantó de la mesa, se quitó el manto, se ató una toalla a la cintura y echó agua en un recipiente. Luego comenzó a lavarles los pies a los discípulos y a secárselos con la toalla que tenía en la cintura (Juan 13:2-5 NTV).

La cena termina y se retiran los platos. La cena también ha terminado para aquellos de nosotros que hemos "revisado la realidad" mediante la revelación de Judas. Ahora nos damos cuenta de que nuestro propósito final al reunirnos no es realmente disfrutar el compañerismo.

Dios nos reúne para aguzarnos y podarnos a través de nuestros intentos por disfrutar el compañerismo. A menudo utiliza a las personas con las que adoramos para podarnos. Ellas se convierten en los utensilios que el Señor emplea para perfeccionar a aquellos a quienes ha llamado. Por muy adornada que esté la mesa y por muy encantadora que pueda parecer a la mirada juvenil del nuevo cristiano, es solo cuestión de tiempo antes de que comiencen a desenmascararse etapa por etapa y se den cuenta de que los invitados alrededor de la mesa del Señor están sangrando.

Imagínate lo sorprendido que te sentirías si te invitaran a una cena prestigiosa como esta. Has tenido mucho cuidado en responder apropiadamente. Ahora duchado y cuidado, limpio y perfumado, comienzas con cuidado la laboriosa tarea de vestirte de una manera elegante pero con buen gusto. Deseas desesperadamente causar una impresión positiva tanto en el anfitrión como en los invitados. Después de llegar a tiempo, te apresuras en dirección a la puerta, donde te anuncian y luego te conducen a la sala de banquetes de tus sueños.

A medida que tus ojos comienzan a recorrer cautelosamente la mesa, un sabor amargo a bilis comienza a subir y a alojarse en tu garganta. Cada invitado tiene algún tipo de deformidad grave debajo de su elegante sonrisa. Ni los rubíes ni los diamantes, ni los trajes ni los fracs pueden camuflar las cicatrices y las heridas abiertas representadas alrededor de la mesa. ¡Te sorprende haber pasado toda la noche tratando de prepararte para conocer personas que tienen más defectos que los que jamás imaginaste! El único esplendor inmaculado que el ojo humano puede contemplar es el del Anfitrión divino; todos los demás son simples pacientes: caricaturas mutiladas, desgarradas, ruinosas y desfiguradas de la gracia y el ambiente social.

Oración

Admito, Padre, que prefiero usar lentes de color rosado que ver claramente los defectos y fracasos de mis hermanos cristianos. Oro para que me des tu perspectiva y tu amor para ver a las personas según tu voluntad. Suaviza mi mirada, Señor, para darme cuenta de que yo también necesito que me afiles y me podes, y que acoja con agrado ese arreglo. En el nombre de mi Salvador te lo ruego, amén.

Declaración

Cenaré con gracia y propósito con quien el Señor siente a mi mesa.

Humildad

*Pero entre ustedes será diferente. El que quiera ser
líder entre ustedes deberá ser sirviente, y el que quiera
ser el primero entre ustedes deberá convertirse en
esclavo. Pues ni aun el Hijo del Hombre vino para
que le sirvan, sino para servir a otros y para dar su
vida en rescate por muchos* (Mateo 20:26-28 NTV).

Lamentos, gritos de corazones destrozados y clamores ate-
rrorizados resuenan tras nuestras camisas almidonadas y
nuestros vestidos satinados. Las palabras han aumentado
y la tecnología ha mejorado, pero el poder del ministerio
nunca se desatará hasta que aquellos que son llamados a
impartirlo encuentren la gracia, o quizás la misericordia, que
les permita despojarse de sus vestiduras.

"¿Está loco? ¿Ha perdido la razón?". ¿Te imaginas lo que
pensaron los discípulos cuando Jesús cambió el ambiente de
la fiesta y se quitó el manto delante de ellos? ¿Cómo podía
una persona de su estatura rebajarse a tanto? Les digo que él
nunca estuvo tan alto como cuando se inclinó tan bajo para
bendecir a los hombres a quienes había enseñado. Incluso
Pedro dijo: *"Señor, no solo mis pies, sino también mis manos
y mi cabeza"* (Juan 13:9).

Todavía nos incomodamos y nos enojamos con la idea
de mostrar nuestras vulnerabilidades, de perdonarnos y
lavarnos los pies unos a otros. ¡Necesitamos que todo nuestro
ser sea limpiado! Nunca hemos aceptado, realmente, a las
personas en la iglesia. En vez de acogerlas tal como son,

hemos tendido a enfocarnos en los números y las apariencias, pero nunca hemos permitido que las personas reales encuentren un lugar en nuestra comunidad.

A Jesús se le estaba acabando el tiempo. Ya no tenía tiempo para divertirse. Terminó la cena y se quitó sus vestiduras. Escúchame, amigo mío, ¡A nosotros también se nos acaba el tiempo! Tenemos ante nosotros una generación que no se ha conmovido por nuestros fastuosos banquetes ni por los glamurosos edificios que hemos construido.

Oye tú, ¡rápido! Termina con la cena y cuéntanos quién eres realmente, bajo tu aspecto eclesiástico y tu postura piadosa. Cuéntanos algo que nos haga sentir cómodos con nuestra propia desnudez. ¡Hemos ocultado cuidadosamente nuestras luchas y exhibido solo nuestras victorias, pero el país entero se está quedando dormido en el desfile!

Oración

Me pregunto en qué manera reaccionaría yo en la cena viendo a Jesús actuar como un siervo. ¿Me indignaría yo, como la mayoría de los discípulos, o sería como el impetuoso Pedro y querría que él me lavara completo? Señor, ahora, hoy, sé que tu Hijo ciertamente me ha lavado íntegramente con su sangre derramada en el Calvario. ¡Gloria a Dios y amén!

Declaración

Me rebajaré tanto como Jesús para servirle y traer la cosecha del reino.

Desnudez

*Por la gracia que se me ha dado, digo a todos ustedes:
Nadie tenga un concepto de sí más alto que el que debe
tener, sino más bien piense de sí mismo con moderación,
según la medida de fe que Dios le haya dado. Pues,
así como cada uno de nosotros tiene un solo cuerpo
con muchos miembros, y no todos estos miembros
desempeñan la misma función (Romanos 12:3-4).*

Gracias a Dios por todas las Kathryn Kuhlman, los Oral
Roberts y otras personas cuyas vidas han conmovido al
mundo. El ardiente resplandor de las luces de las cámaras
nunca captó la verdadera base de sus ministerios. Fueron las
cosas que dejaron de lado las que los hicieron lo que eran.
Gracias a Dios dejaron eso a un lado. Miles fueron sanados
por lo que hicieron. Miles fueron salvos porque lo hicieron.

¿Qué pasa con el "Pastor de la mini iglesia" y el "Evange-
lista Nadie" que nunca vendieron un video ni escribieron un
libro? De todos modos, pagaron el precio y, para las almas
que conmovieron, son héroes anónimos. Al igual que Noé,
su lista de miembros nunca excedió de ocho almas, pero
los guiaron fielmente. Querían hacer más. Pensaron que
llegarían más lejos de lo que pudieron, pero se quitaron sus
mantos. Dijeron: "Si no estoy llamado a ayudar a todos,
entonces, por favor, Dios, ¡déjame ayudar a alguien!". Este
es el costo del cristianismo reducido a un solo deseo, reducido
a la sencillez de la desnudez.

La verdad del asunto es que cuando estamos desnudos,
no hay diferencia entre el ejecutivo y el conserje. Cuando

estamos desnudos, no hay diferencia entre el ujier y el pastor. ¿Es por eso que tenemos miedo de que alguien vea lo que somos realmente? ¿Nos hemos vuelto tan adictos a nuestras distinciones que hemos perdido nuestra comunidad? No hay diferencias entre los pies del lavado y los pies del que los lava. Tu ministerio se vuelve verdaderamente efectivo cuando sabes que hay muy poca diferencia entre las personas a las que sirves y tú mismo. ¡Entonces y solo entonces habrás dejado a un lado tus vestiduras!

Los matrimonios fracasan en todo el país porque los cónyuges están recitando votos ante un predicador con exceso de trabajo y una familia gastada en exceso, ¡prometiendo hacer lo que nunca podrán hacer! ¿Por qué? No puedes amar a nadie de esa manera hasta que dejes a un lado tus prendas y permitas que sus necesidades reemplacen las tuyas. Nunca podrán ser uno hasta que los dos se hayan despojado de sus vestiduras. Entonces y solo entonces podrán unirse como una sola carne.

Oración

En el nombre de Jesús y por la gracia que Dios me ha dado, no pensaré más en cuanto a mí mismo de lo que debería. Señor, con la ayuda del Espíritu Santo, pensaré en mí con sobrio juicio y voluntariamente me despojaré de mis vestiduras de acuerdo con la fe que me has regalado. Amén.

Declaración

Dios, úsame como mejor te parezca para hacer avanzar tu reino en la tierra como en el cielo.

Estaciones

*No nos cansemos de hacer el bien, porque
a su debido tiempo cosecharemos si no nos
damos por vencidos* (Gálatas 6:9).

¿Recuerdas cómo colgaban los carámbanos de los tejados de las casas antiguas —en invierno— apuntando hacia el suelo como estalactitas en una cueva? A medida que el frío de la temporada fue desafiado por los árboles en ciernes y los días más cálidos, los carámbanos comenzaron a gotear y a disminuir. Poco a poco, la tierra cambió de ropa para una nueva estación.

El invierno es solo el preludio que Dios toca para presentar el concierto del verano. A pesar de su mano fría y congelada que se apodera de nuestros bosques, prados y arroyos, su agarre aún puede romperse mediante la paciente perseverancia de la estación que es sensible al momento y al propósito divino.

No hay nada como la sensación del tiempo. No se puede fingir. Es como ver un coro mecerse al ritmo de una canción evangélica. Invariablemente, alguien se moverá en forma espasmódica, intentando desesperadamente simular una sensación de sincronización. Aunque mueva sus pies con toda la gracia del Hombre de Hojalata —en "El Mago de Oz"—, no logra aprender lo que el cuerpo tiene que sentir. La falta de tiempo es tan perjudicial como plantar maíz en los vientos amargos del invierno de Alaska. Puede que no haya absolutamente nada malo con la semilla o el suelo, solo se trata del momento en que el agricultor decidió esperar que ocurriera el proceso.

Suponiendo que comprendes la necesidad de los pequeños comienzos, y asumiendo que eres consciente de que todo lo que tienes no reemplazará al que te dio eso y que el éxito solo crea una plataforma para ampliar la responsabilidad, entonces podrás comenzar a determinar dónde te encuentras en el calendario, el divino almanaque de Dios. ¿Sabías que Dios tiene un almanaque? Quizás no sepas qué es un almanaque. Mi madre siempre lo consultaba para determinar el momento apropiado para sembrar la planta que pretendía cosechar. Es un calendario que presenta las estaciones y los ciclos de un año. Verás, el principio del tiempo de siembra y cosecha no anula la comprensión del tiempo y el propósito. ¡Dios hace todo según su almanaque eterno, el cual tiene que ver con el tiempo y el propósito!

Oración

Padre celestial, que siempre esté a tu altura, en sintonía con tu tiempo y tu propósito. Que no me desanime mientras trabajo para ayudar a recoger tu cosecha. En el poderoso nombre de Jesús te lo ruego, amén.

Declaración

**No me cansaré de hacer el bien
de Dios en el mundo.**

Plenitud

El Hijo refleja el brillo de la gloria de Dios y es la fiel representación de lo que él es. Él sostiene todas las cosas con su palabra poderosa. Después de llevar a cabo la purificación de los pecados, se sentó a la derecha de la Majestad en las alturas (Hebreos 1:3).

Quiero acercarme al día de reposo porque lo que el sábado era físicamente, Cristo lo es espiritualmente. Cristo es nuestro descanso sabático. Él es el fin de nuestras labores. Somos salvos por gracia mediante la fe y no por obras, para que nadie pueda gloriarse (ver Efesios 2:8-9). Jesús dice: "*Vengan a mí todos ustedes que están cansados y agobiados; yo les daré descanso. Carguen con mi yugo y aprendan de mí, pues yo soy apacible y humilde de corazón, y encontrarán descanso para sus almas. Porque mi yugo es suave y mi carga es liviana*" (Mateo 11:28-30).

El reposo del Señor es tan completo que cuando Jesús estaba muriendo en la cruz, dijo: "Todo se ha cumplido" (Juan 19:30). Eso fue muy poderoso. Por primera vez en la historia, un Sumo Sacerdote se sentó en la presencia de Dios sin tener que correr entrando y saliendo para traer sangre y expiar el pecado. Cuando Cristo entró de una vez por todas, se ofreció a sí mismo por nosotros para que fuéramos liberados del pecado y recibiéramos plenitud.

Si realmente quieres ser sanado, tienes que estar en él. Si realmente quieres ser libre y experimentar la restauración, tienes que estar en él, porque tu sanidad viene en el reposo sabático. Tu plenitud viene en Cristo Jesús. Cuando descansas en él, cada debilidad, cada área estropeada será restaurada. El diablo sabe esta verdad, por eso no quiere que descanses en el Señor. Satanás quiere que estés ansioso. Él quiere que estés enojado. Quiere que andes histérico. Quiere que seas suicida, que dudes, que temas y hasta parezcas neurótico. De modo que destruye las malas conspiraciones y las tentaciones con la Palabra de Dios; como lo hizo Jesús en el desierto, ¡tú también puedes hacerlo!

Oración

Cuando Cristo se ofreció por mí, recibí plenitud y sanidad, Señor. Te doy gracias porque he sido liberado y he experimentado la restauración. Mientras descanso en ti, mi salud espiritual, física y mental se restaura; reclamo esta promesa en el nombre de Jesús. Amén.

Declaración

**Estoy sano en cuerpo, mente y alma,
¡gracias al sacrificio de Jesús!**

Familia

Ahora todos podemos tener acceso al Padre por medio del mismo Espíritu Santo gracias a lo que Cristo hizo por nosotros. Así que ahora ustedes, los gentiles, ya no son unos desconocidos ni extranjeros. Son ciudadanos junto con todo el pueblo santo de Dios. Son miembros de la familia de Dios (Efesios 2:18-19 NTV).

Hay un prejuicio diabólico en la iglesia que niega la sangre a sus miembros desagradables. Si una persona tiene un fracaso en un área con la que nos relacionamos porque tenemos una debilidad similar, inmediatamente alabamos a Dios por la sangre que nos limpia de toda injusticia. Si la persona tiene la desdicha de fracasar en lo que nosotros somos muy fuertes, entonces los condenamos. Atamos una cuerda alrededor de esos miembros para marcarlos y les negamos la sangre.

¡El espíritu de Caín está suelto en la iglesia! Hemos derramado la sangre de nuestro hermano porque es diferente, porque su piel o su pecado es distinto al nuestro. Desátalos ahora mismo, en el nombre del Señor, y devuélveles la oportunidad de experimentar la vida que solo puede dar la sangre. Sin la sangre toda carne muere: negros, blancos, ricos, pobres, homosexuales, heterosexuales, drogadictos o alcohólicos. Sin la sangre salvadora de Cristo y el Espíritu Santo que da poder, ninguna carne puede ser salva.

Sin embargo, por la sangre del Cordero, cualquiera —independientemente de sus fracasos o pecados pasados— puede llegar sin vergüenza al pie de la cruz y permitir que las gotas de la sangre de Jesús vigoricen el alma que el pecado ha lacerado y destruido. ¡No experimentaremos nunca un avivamiento masivo hasta que permitamos que todos los pecadores vengan a la fuente de sangre extraída de las venas de Emmanuel!

¿Alguna vez te has sentido culpable de asumir una actitud condescendiente ante la debilidad de otra persona? Me da vergüenza admitirlo, pero yo he hecho eso. ¿Cómo podemos atrevernos a pensar que podemos acceder a la sangre que limpia el alma y que nos libera del negro pozo de nuestros pecados secretos, y luego mirar con desdén a otro miembro del cuerpo de Cristo? ¿Cómo podemos prohibirles el acceso a la única respuesta a los enormes problemas que consumen a nuestra generación?

Oración

Señor Dios, perdóname por las veces que he juzgado a las personas por sus pecados o fracasos pasados. Este no es tu camino ni tu voluntad para mi vida; no debo tener una actitud condescendiente o crítica hacia ninguno de tus hijos. Debo amarlos como tú los amas; dame la sabiduría y la compasión para hacer eso. En el nombre de Jesús, amén.

Declaración

**Trataré a los demás como
deseo que me traten a mí.**

Pertenencia

De manera que alabamos a Dios por la abundante gracia que derramó sobre nosotros, los que pertenecemos a su Hijo amado (Efesios 1:6 NTV).

Recuerdo, en mis primeros días como nuevo creyente, que traté de convertirme en lo que pensaba que eran todos los demás cristianos. No entendí que mi objetivo debería haber sido lograr el propósito de Dios para mi vida. Yo era joven y muy impresionable. Como sufría secretamente de baja autoestima, pensé que los cristianos que me rodeaban habían dominado un nivel de santidad que parecía imposible de alcanzar para mí. Así que gemía en la noche; clamaba a Dios para que creara en mí una piedad automática que satisficiera lo que pensaba que se requería de mí. Admiraba profundamente a esos virtuosos "héroes de la fe", cuyos elocuentes testimonios eran tan inspiradores y elevados que parecían propagarse en el ambiente, creando una atmósfera cargada de espiritualidad y bendición. ¡Parecían tan cambiados, tan seguros de sí mismos y tan estables! Admiraba sus normas y su pureza, por lo que oraba fervientemente: *"¡Hazme mejor, Señor!"*.

No creo que haya cambiado esa oración, pero sí he cambiado la motivación de ella. De repente, comencé a darme cuenta de que Dios me conocía y me amaba tal como era, aunque nunca me habían enseñado acerca del amor perfecto. Siempre estuve rodeado de un amor basado en el desempeño. Entonces pensé que el amor de Dios se obtenía por méritos propios. Si hoy me fue bien, Dios me amó. Sin embargo, si fallé, es que no me amó. ¡Eso parecía una montaña rusa! De un momento a otro no sabía si era aceptado en el amado... ¡o no!

Veía a mis amigos como modelos, o ejemplos supremos de lo que yo debería ser, por lo que atacaba mi carnalidad con rudeza. No me daba cuenta de que todo lo que nace tiene que crecer y desarrollarse hasta que madure. Esperaba una metamorfosis inmediata, poderosa y totalizadora que me transformaría en una nueva criatura a la perfección. Por supuesto, nunca había logrado ese objetivo, pero también estaba seguro de que era posible y de que esta criatura perfecta debía ser mucho mejor que yo. Seguramente Dios estaba esperando que emergiera para que Dios pudiera amarme realmente.

Oración

Querido Dios, hazme amarte mejor a ti y a quienes me rodean. Hazme mejor para alabarte en cada circunstancia. Hazme mejor para darte toda la gloria y la honra. Dios, hazme mejor para cumplir tu voluntad en mi vida. En el nombre de Jesús te lo pido y te agradezco, amén.

Declaración

Creo y pertenezco a Dios Padre, a Jesús Hijo y al Espíritu Santo.

Quieto

"Quédense quietos, reconozcan que yo soy Dios. ¡Seré exaltado entre las naciones! ¡Seré enaltecido en la tierra!" (Salmos 46:10).

Con mucha frecuencia, nuestros pensamientos y conversaciones revelan que luchamos con personajes que han seguido adelante y con acontecimientos que realmente son irrelevantes. Las personas que nos rodean se mantienen en espera mientras dedicamos enormes cantidades de atención a áreas del pasado que están muertas y no poseen capacidad de recompensa. Es como bailar solo y lento o cantar en armonía cuando no hay una canción. Falta algo que hace que nuestra presentación pierda brillo. ¡Detén la música! ¡Tu pareja se ha ido y estás esperando solo!

Creo que la mayor de todas las depresiones llega cuando vivimos y acumulamos nuestros éxitos solo para demostrarle algo a alguien que ni siquiera nos ve. El problema es que realmente no podemos apreciar nuestros éxitos porque los logramos nosotros, pero no para nosotros. Se hacen en nombre de una persona, lugar o cosa que ha seguido adelante, dejándonos atrapados en un túnel del tiempo, preguntándonos por qué no nos sentimos satisfechos con nuestro trabajo, ministerio o hasta buena suerte.

Dios hizo la mayor parte de su obra en la creación sin nadie alrededor que aplaudiera sus logros. Por eso se alabó a sí mismo. Él dijo: "¡Es bueno!". ¿Te has detenido a apreciar lo que Dios te ha permitido lograr o has estado demasiado ocupado tratando de impresionar a alguien? Nadie pinta para ciegos ni canta para sordos. El nivel de apreciación de esas personas es obstruido por sus limitaciones físicas. Aunque puedan ser buenos conocedores en algún otro ámbito, nunca apreciarán lo que no pueden detectar.

Aplaudamos y aclamemos a las personas cuya ausencia nos enseña a sacarle provecho a la soledad. En algún lugar más allá de esa soledad hay satisfacción, la cual nace de la necesidad. Satisfacción que surge entre el zumbido del corazón que vive en una casa vacía, y en la sonrisa y la risa que aparecen en los rostros de aquellos que se han divertido con sus propios pensamientos.

Oración

Oh Señor, sabes cuántas veces he "actuado" para personas a las que ni siquiera les importa la actuación o que ya ni siquiera son parte de mi vida. Ah, qué inútiles esfuerzos hago cuando podría estar dedicando un tiempo precioso a tu propósito. Por favor, perdóname y hazme consciente de esos tiempos desperdiciados, y dame el impulso de tu Espíritu Santo. En el nombre de Jesús, amén.

Declaración

**Dejaré de acumular éxitos solo
para demostrarle algo a alguien a
quien ni siquiera le importa.**

Adoración

Tributen al Señor la gloria que merece su nombre;
adoren al Señor en la hermosura de
su santidad (Salmos 29:2).

Cuando llegaron a la casa, vieron al niño con
María, su madre, y postrándose lo adoraron.
Abrieron sus cofres y presentaron como
regalos: oro, incienso y mirra (Mateo 2:11).

—¡Vete, Satanás! —dijo Jesús—.
Porque escrito está:
"Adora al Señor tu Dios y sírvele
solamente a él" (Mateo 4:10).

En esos momentos especiales cuando los corazones agradecidos y las manos alzadas en alabanza se unen en una expresión colectiva, recordando lo que podría haber sucedido si Dios no hubiera intervenido, es que hallamos nuestro verdadero ministerio. Por encima de cualquier título, profesión u otro asunto, todo cristiano es llamado a ser adorador. Somos real sacerdocio, nación santa, pueblo adquirido por Dios; podríamos habernos extinguido si la misericordia del Señor no hubiera impedido los horrores que el enemigo ha querido infligirnos. Esas manos callosas que se levantan en alabanza, cuentan historias de luchas, ya sean espirituales o físicas; nos animan a seguir adorando al Creador.

Ofrezcamos continuamente a Dios, por medio de Jesucristo, un sacrificio de alabanza, es decir, el fruto de los labios que confiesan su nombre (Hebreos 13:15).

Dios es Espíritu y quienes lo adoran deben hacerlo en espíritu y en verdad (Juan 4:24).

Pero se acerca la hora, y ha llegado ya, en que los verdaderos adoradores rendirán culto al Padre en espíritu y en verdad, porque así quiere el Padre que sean los que le adoren (Juan 4:23).

La intensidad de nuestra alabanza nace de la frescura siempre renovada de nuestros recuerdos, no tanto de nuestro pasado sino de las misericordias de Dios con nosotros. La cuestión entonces no es si recordamos, sino cómo elegimos recordar lo que hemos pasado. Él es capaz de quitarle el aguijón al recuerdo y aun así dejar intacto el dulce sabor de la victoria. Cuando eso sucede, nuestras luchas nos enriquecen, no nos limitan. Así que levanta tu cabeza y sé bendito en la presencia del Señor. Nada es tan importante como adorarlo a él. ¿Qué pasaría si todas las voces de la tierra explotaran armoniosamente en elogios de aprecio por la majestad, la honra y la gloria de Dios?

Oración

Que mi adoración sea grata delante de ti, amado Dios mi Salvador. Te ofrezco mi canción de entrega y servicio, porque solo tú eres digno de ser alabado. Te doy todo lo que soy y lo que tú quieres que sea. Gracias por todas mis bendiciones pasadas, actuales y futuras. En el nombre de Jesús, amén.

Declaración

**¡Siempre elevaré el nombre de Dios
en alto, en adoración y alabanza!**

Vive otra vez

Jesús estaba dormido en la parte posterior de la barca, con la cabeza recostada en una almohada. Los discípulos lo despertaron: "¡Maestro! ¿No te importa que nos ahoguemos?", gritaron. Cuando Jesús se despertó, reprendió al viento y dijo a las olas: "¡Silencio! ¡Cálmense!". De repente, el viento se detuvo y hubo una gran calma (Marcos 4:38-39 NTV).

¿Has permitido que Dios esté en la proa de tu barco y le imparta paz al hablarle a aquello que una vez te aterrorizó? Solo podemos beneficiarnos de los problemas resueltos. La gran tragedia es que la mayoría de nosotros mantenemos nuestro dolor activo. En consecuencia, nuestro poder nunca se dinamiza, porque el pasado permanece sin arreglo. Si queremos ver que el poder de Dios surge en medio del dolor de una experiencia, debemos permitir que el proceso de curación nos lleve mucho más allá de la amargura en dirección a una resolución que nos rescate de la prisión y nos haga libres.

El proceso de sanidad de Dios nos hace libres para saborear la vida otra vez, libres para confiar nuevamente y libres para vivir sin la fuerza restrictiva de los temores amenazantes. Alguien puede decir: "No quiero volver a confiar". Pero solo lo dice porque no está sano o no ha sido curado realmente. No volver a confiar nunca es vivir en el pináculo de una torre. Estás a salvo de las amenazas de la vida, pero tan desapegado de ella que pronto pierdes la conciencia de las personas, los lugares, las fechas y los acontecimientos.

Quedas atrapado en una distorsión del tiempo. Siempre hablas del pasado porque dejaste de vivir hace años. Escuchas tu discurso. Hablas del pasado como si fuera el presente, ¡porque el pasado te ha robado el presente de las manos! ¡Recupéralo!, en el nombre de Jesús.

Hay que celebrar. Sí, es hora de festejar, aunque hayas perdido un matrimonio, una pareja o una amistad. Hay una razón para celebrar porque se ha logrado algo muy difícil y peligroso. Es como si se hubiera hecho una cirugía para separar unos gemelos siameses y ambos hayan sobrevivido. Es como haber sobrevivido a una situación extremadamente riesgosa; motivo suficiente para festejar con alegría. ¡Todavía estás vivo! Ahora bien, ¿estás listo para vivir o aún necesitas someter a todos tus amigos a una clase de historia? ¿Continuarás con tu incesante furia y tu lloriqueo por aquello que nadie puede cambiar: el pasado?

Estoy tratando de reactivar tu corazón y ponerte de nuevo en presencia de una experiencia real, lejos del húmedo y oscuro valle del arrepentimiento y del remordimiento. Es fácil vivir inconscientemente en un espejismo eufórico, casi histórico, que hace que las oportunidades actuales se te escapen. Que no sea ese tu caso.

Oración

Como bien sabes, Señor, he sido culpable de vivir en el pasado de vez en cuando. Ahora, sin embargo, por tu poder permitiré que el proceso de curación total me lleve mucho más allá de la amargura en dirección a una mentalidad que me libere de la prisión y me haga libre. ¡Con la guía del Espíritu Santo, celebraré la vida que diseñaste para mí! En el nombre de aquel que calma toda tormenta, amén.

Declaración

¡Estoy listo para vivir otra vez!

Vida eterna

Vengan a mí con los oídos bien abiertos.
Escuchen, y encontrarán vida. Haré un pacto
eterno con ustedes. Les daré el amor inagotable
que le prometí a David (Isaías 55:3 NTV).

En nuestro último día juntos, no quiero que simplemente cierres este devocional, lo dejes en el estante y vuelvas a llevar la vida como sueles hacerlo. Espero que hayas recibido buena información pero, sobre todo, quiero que experimentes la impartición del favor del Señor.

Ruego que estas páginas te hayan servido de compañía hacia el siguiente nivel, tu nueva dimensión de bendición espiritual, abundancia y provisión. Oro para que el Espíritu de Dios despierte tu apetito por nuevos reinos de gloria, unción, potencial y poder que ni siquiera sabías que estaban dentro de ti, esperando ser desbloqueados por cada encuentro que define el destino.

Así que aquí está mi oración por ti: que la mano poderosa del Señor venga sobre ti, incluso ahora mientras lees estas palabras. Así como estuvo la mano del Señor sobre Elías y como estuvo sobre Eliseo, oro para que experimentes ese mismo toque de poder y favor que te lanza a nuevas y fructíferas alturas de servicio a Dios.

Oro para que la mano poderosa del Señor esté sobre cada área de tu vida. Que ningún don o talento quede sin tocar. Que no se desaproveche ni una pizca de potencial. La mano del Señor está sobre tu casa. La mano del Señor está sobre tus negocios. La mano del Señor está sobre tu ministerio. La mano del Señor está sobre tu familia. La mano del Señor está sobre tus estudios. La mano del Señor está sobre tus finanzas. La mano del Señor está sobre tu pasado. La mano del Señor está sobre tus deudas. La mano del Señor está sobre ti; su poder actúa en ti.

Que esta sea tu oración:

Señor, cualquier cosa que estés haciendo en la tierra ahora mismo, no lo hagas sin mí. Favoréceme con tu poder y libera el potencial, los dones, los talentos y las habilidades que hay dentro de mí. Orquesta esas citas que definen el destino como solo tú puedes hacerlo. Dame ojos para ver lo que estás haciendo. Oídos para oírte hablar. Y un corazón que responda a cómo te muevas en mi vida. Corro en dirección a todo lo que tienes para mí, sin mirar atrás. ¡Gracias, Padre, por desbloquear mi propósito para tu gloria en el nombre de Jesús! Amén.

Porque tanto amó Dios al mundo que dio a su Hijo único, para que todo el que cree en él no se pierda, sino que tenga vida eterna (Juan 3:16).

www.bibliaelmensaje.com

La Biblia El Mensaje está diseñada
para que las historias y enseñanzas
se sientan inmediatas y fáciles de
entender, como si hubieran sido
escritas hoy. Su objetivo es ayudar
a los lectores a experimentar
el impacto de las Escrituras de
una manera fresca y directa.

CASA
CREACIÓN
Para vivir la Palabra

CASA
CREACIÓN

Te invitamos a que visites nuestra página
web, donde podrás apreciar la pasión por
la publicación de libros y Biblias:

www.casacreacion.com

f @CASACREACION

t @CASACREACION

⊡ @CASACREACION

Para vivir la Palabra